First Romania

Drakula Arefu

First Romanian Reader
for beginners
bilingual for speakers of English

LANGUAGE
PRACTICE
PUBLISHING

First Romanian Reader for beginners
by Drakula Arefu

Graphics: Audiolego Design
Images: Canstockphoto

Audio tracks: www.lppbooks.com/Romanian/FirstRomanianReader_audio/En/

www.lppbooks.com
www.audiolego.de
www.audiolego.com

Table of contents

Romanian alphabet

Letter	Phoneme	Approximate pronunciation
A a	/a/	as a in "father"
Ă ă (a with breve)	/ə/	as a in "abide"
Â â (a with circumflex)	/ɨ/	as in the last syllable of the word "roses"; used inside the word: bread - pâine
B b	/b/	as b in "bell"
C c	/k/	as c in "scar"
	/tʃ/	as ch in "chimpanzee" - if c appears before letters e or i (but not î)
D d	/d/	as d in "door"
E e	/e/	as e in "merry"
	/e̯/	(semivocalic /e/)
	/je/	as ye in "yes" - in a few old words with initial e: este, el etc.
F f	/f/	as f in "fly"
G g	/g/	as g in "got"
	/dʒ/	as g in "general" - if g appears before letters e or i (but not î)
H h	/h/	as h in "house"
	(mute)	no pronunciation if h appears between letters c or g and e or i (che, chi, ghe, ghi)
I i	/i/	as i in "machine"
	/j/	as y in "yes"
	/ʲ/	Indicates palatalization of the preceding consonant
Î î (i with circumflex)	/ɨ/	Identical to Â, used in the beginning and at the end of the word for aesthetic reasons, e.g. "to learn" = "a învăța"; "to kill" = "a omorî"
J j	/ʒ/	as s in "treasure"

K k	/k/	as c in "scar"
L l	/l/	as l in "lad"
M m	/m/	as m in "mom"
N n	/n/	as n in "nothing"
O o	/o/	as o in "more"
	/ǫ/	(semivocalic /o/)
P p	/p/	as p in "pal"
Q q	/k/	as k in "kettle"
R r	/r/	alveolar trill or tap
S s	/s/	as s in "soul"
Ş ş (s with comma)	/ʃ/	as sh in "show"
T t	/t/	as t in "stone"
Ţ ţ (t with comma)	/ts/	as zz in "pizza" but with considerable emphasis on the "ss"
U u	/u/	as u in "group"
	/w/	as w in "bow"
V v	/v/	as v in "vision"
	/v/	as v in "vision"
W w	/w/	as w in "went"
	/u/	as oo in "spoon"
X x	/ks/	as x in "six"
	/gz/	as x in "example"
Y y	/j/	as y in "yes"
	/i/	as i in "machine"
Z z	/z/	as z in "zipper"

Romanian does not use accents. In the sense of diacritics as being signs added to letters to alter their pronunciation or to make distinction between words, the Romanian alphabet does not have diacritics. However there are five special letters in the Romanian alphabet, associated with four different sounds, formed by modifying other Latin letters. They are not diacritics, but are generally referred to as such.

Ă ă - a with breve - for the sound /ə/

 â - a with circumflex - for the sound /ɨ/

Î î - i with circumflex - for the sound /ɨ/

Ș ș - s with comma - for the sound /ʃ/

Ț ț - t with comma - for the sound /t͡s/

Phonetic variations

ce - sounds like 'che' in chest

ci - sounds like 'chee' in cheek

che - sounds like 'ke' in keg

chi - sounds like 'kee' in keen

ge - sounds like 'je' in jet

gi - sounds like 'jea' in jeans

ghe - sounds like 'ge' in get

ghi - sounds like 'gea' in gear

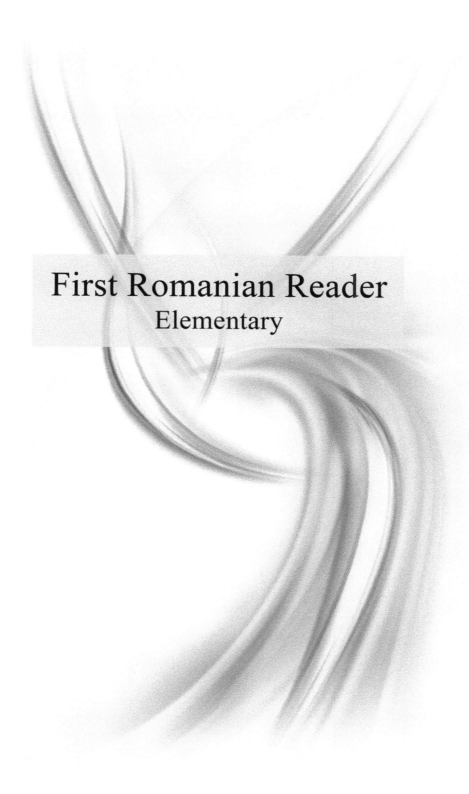

First Romanian Reader
Elementary

1

Robert are un câine
Robert has a dog

 A

Cuvinte
Words

1. a avea - have; el/ea are - he/she/it has;
   El are o carte. - He has a book.
2. acela - that
3. acesta - this; această carte - this book
4. aceștia, aceia - these, those
5. al lui - his; patul lui - his bed
6. al meu - my
7. albastru - blue
8. bicicletă - bike
9. caiet de notițe - notebook
10. caiete de notițe - notebooks
11. câine - dog
12. cameră - room
13. camere - rooms
14. carte - book
15. cuvânt - word
16. cuvinte - words
17. drăguț - nice
18. ei - they
19. el - he
20. eu - I
21. fereastră - window
22. ferestre - windows
23. hotel - hotel
24. hoteluri - hotels
25. magazin - shop
26. magazine - shops
27. mare - big
28. masă - table
29. mese - tables
30. mic - little
31. mult, multe - many, much
32. nas - nose
33. negru - black
34. nou - new
35. nu - not
36. ochi - eye, eyes
37. parc - park
38. parcuri - parks
39. pat - bed
40. patru - four
41. paturi - beds
42. pisică - cat
43. pix - pen
44. pixuri - pens
45. și - and, too

46. stea - star
47. stradă - street
48. străzi - streets
49. student - student
50. studenți - students

51. text - text
52. unu - one
53. verde - green
54. vis - drea

 # B

Robert are un câine

1.Acest student are o carte. 2.El are şi un pix.

3.San Francisco are multe străzi şi parcuri.
4.Această stradă are hoteluri şi magazine noi.
5.Acest hotel este de patru stele. 6.Acest hotel are multe camere mari şi frumoase.

7.Acea cameră are multe ferestre. 8.Iar aceste camere nu au multe ferestre. 9.Aceste camere au patru paturi. 10.Iar acele camere au un pat. 11.Acea cameră nu are multe mese. 12.Iar acele camere au multe mese mari.

13.Această stradă nu are hoteluri. 14.Acest magazin mare are multe ferestre.

15.Aceşti studenți au caiete de notiţe. 16.Ei au şi pixuri. 17.Robert are un caiet de notiţe mic şi negru. 18.Paul are patru caiete de notiţe noi şi verzi. 19.Acest student are o bicicletă. 20.El are o bicicletă albastră nouă. 21.Şi David are o bicicletă. 22.El are o bicicletă frumoasă şi neagră. 23.Paul are un vis. 24.Şi eu am un vis.

25.Eu nu am un câine. 26.Eu am o pisică. 27.Pisica mea are ochi verzi şi drăgălaşi. 28.Robert nu are o pisică. 29.El are un câine. 30.Câinele lui are un nas mic şi negru.

Robert has a dog

1.This student has a book. 2.He has a pen too.

3.San Francisco has many streets and parks. 4.This street has new hotels and shops. 5.This hotel has four stars. 6.This hotel has many nice big rooms.

7.That room has many windows. 8.And these rooms do not have many windows. 9.These rooms have four beds. 10.And those rooms have one bed. 11.That room does not have many tables. 12.And those rooms have many big tables.

13.This street does not have hotels. 14.That big shop has many windows.

15.These students have notebooks. 16.They have pens too. 17.Robert has one little black notebook. 18.Paul has four new green notebooks. 19.This student has a bike. 20.He has a new blue bike. 21.David has a bike too. 22.He has a nice black bike. 23.Paul has a dream. 24.I have a dream too.

25.I do not have a dog. 26.I have a cat. 27.My cat has nice green eyes. 28.Robert does not have a cat. 29.He has a dog. 30.His dog has a little black nose.

2

Ei locuiesc în San Francisco (SUA)
They live in San Francisco (the USA)

A

Cuvinte
Words

1. a cumpăra - buy
2. a trăi - live
3. acum - now
4. american - American
5. Canada - Canada
6. canadian - Canadian
7. din - from; din SUA - from the USA
8. doi - two
9. ea - she
10. frate - brother
11. german, germancă - German
12. în - in
13. înfometat - hungry, Îmi este foame - I am hungry.
14. magazin - supermarket
15. mamă - mother
16. mare - big
17. noi - we
18. oraș - city
19. sandviș - sandwich
20. soră - sister
21. SUA - USA
22. tu - you

B

Ei locuiesc în San Francisco (SUA)

1.San Francisco este un oraș mare. 2.San Francisco se află în SUA.

3.Acesta este Robert. 4.Robert este student. 5.El

They live in San Francisco (USA)

1.San Francisco is a big city. 2.San Francisco is in the USA.

3.This is Robert. 4.Robert is a student. 5.He is in San Francisco now. 6.Robert

13

este în San Francisco acum. 6.Robert este din Germania. 7.El este german. 8.Robert are o mamă, un tată, un frate şi o soră. 9.Ei locuiesc în Germania.

10.Acesta este Paul. 11.Şi Paul este student. 12.El este din Canada. 13.El este canadian. 14.Paul are o mamă, un tată şi două surori. 15.Ei locuiesc în Canada.

16.Robert şi Paul sunt la magazin acum. 17.Le este foame. 18.Ei cumpără sandvişuri.

19.Aceasta este Linda. 20.Linda este americancă. 21.Şi Linda locuieşte în San Francisco. 22.Ea nu este studentă.

23.Eu sunt student. 24.Sunt din Germania. 25.Sunt în San Francisco acum. 26.Nu mi-e foame.

27.Tu eşti student. 28.Eşti german. 29.Nu eşti în Germania acum. 30.Eşti în SUA.

31.Suntem studenţi. 32.Suntem în SUA acum.

33.Aceasta este o bicicletă. 34.Bicicleta este albastră. 35.Bicicleta nu este nouă.

36.Acesta este un câine. 37.Câinele este negru. 38.Câinele nu este mare.

39.Acestea sunt magazine. 40.Magazinele nu sunt mari. 41.Sunt mici. 42.Acest magazin are multe ferestre. 43.Acele magazine nu au multe ferestre.

44.Pisica este în cameră. 45.Aceste pisici nu sunt în cameră.

is from Germany. 7.He is German. 8.Robert has a mother, a father, a brother and a sister. 9.They live in Germany.

10.This is Paul. 11.Paul is a student too. 12.He is from Canada. 13.He is Canadian. 14.Paul has a mother, a father and two sisters. 15.They live in Canada.

16.Robert and Paul are in a supermarket now.17.They are hungry. 18.They buy sandwiches.

19.This is Linda. 20.Linda is American. 21.Linda lives in San Francisco too. 22.She is not a student.

23.I am a student. 24.I am from Germany. 25.I am in San Francisco now. 26.I am not hungry.

27.You are a student. 28.You are German. 29.You are not in Germany now. 30.You are in the USA.

31.We are students. 32.We are in the USA now.

33.This is a bike. 34.The bike is blue. 35.The bike is not new.

36.This is a dog. 37.The dog is black. 38.The dog is not big.

39.These are shops. 40.The shops are not big. 41.They are little. 42.That shop has many windows. 43.Those shops do not have many windows.

44.That cat is in the room. 45.Those cats are not in the room.

3

Ei sunt germani?
Are they Germans?

A

Cuvinte
Words

1. al ei - her; cartea ei - her book
2. al nostru - our
3. animal - animal
4. băiat - boy
5. bărbat - man
6. cafenea - café
7. casă - house
8. CD-player - CD player
9. cum - how
10. da - yes
11. femeie - woman
12. hartă - map
13. la - at
14. nu - no
15. pe - on
16. spaniol - Spanish
17. toți - all
18. tu/voi - you
19. unde - where

B

Ei sunt germani?
1
- Eu sunt băiat. Eu sunt în cameră.
- Ești american?
- Nu, nu sunt american. Sunt german.
- Ești student?
- Da, sunt student.

Are they Germans?
1
- *I am a boy. I am in the room.*
- *Are you American?*
- *No, I am not. I am German.*
- *Are you a student?*
- *Yes, I am. I am a student.*

2

- Aceasta e o femeie. Şi femeia este în cameră.
- Este germancă?
- Nu, ea nu este germancă. Ea e americancă.
- Este studentă?
- Nu, nu este studentă.
- Acesta este un bărbat. El este la masă.
- Este american?
- Da, este american.

3

- Aceştia sunt studenţi. Ei sunt în parc.
- Sunt toţi americani?
- Nu, nu sunt toţi americani. Ei sunt din Germania, SUA şi Canada.

4

- Aceasta este o masă. Este mare.
- Este nouă?
- Da, este nouă.

5

- Aceasta este o pisică. Este în cameră.
- Este neagră?
- Da, este. Este neagră şi frumoasă.

6

- Acestea sunt biciclete. Ele sunt lângă casă.
- Sunt negre?
- Da, sunt negre.

7

- Ai un caiet de notiţe?
- Da.
- Câte caiete de notiţe ai?
- Am două caiete de notiţe.

8

- Are un pix?
- Da.
- Câte pixuri are?
- Are un pix.

9

- Ea are o bicicletă?
- Da.
- Bicicleta ei este albastră?
- Nu, nu este albastră. Este verde.

2

- *This is a woman. The woman is in the room too.*
- *Is she German?*
- *No, she is not. She is American.*
- *Is she a student?*
- *No, she is not. She is not a student.*
- *This is a man. He is at the table.*
- *Is he American?*
- *Yes, he is. He is American.*

3

- *These are students. They are in the park.*
- *Are they all Americans?*
- *No, they are not. They are from Germany, the USA and Canada.*

4

- *This is a table. It is big.*
- *Is it new?*
- *Yes, it is. It is new.*

5

- *This is a cat. It is in the room.*
- *Is it black?*
- *Yes, it is. It is black and nice.*

6

- *These are bikes. They are at the house.*
- *Are they black?*
- *Yes, they are. They are black.*

7

- *Do you have a notebook?*
- *Yes, I do.*
- *How many notebooks do you have?*
- *I have two notebooks.*

8

- *Does he have a pen?*
- *Yes, he does.*
- *How many pens does he have?*
- *He has one pen.*

9

- *Does she have a bike?*
- *Yes, she does.*
- *Is her bike blue?*
- *No, it is not. Her bike is not blue. It is green.*

10

- Ai o carte de spaniolă?
- Nu, nu am o carte de spaniolă. Nu am nicio carte.

11

- Ea are o pisică?
- Nu, nu are o pisică. Ea nu are niciun animal.

12

- Aveți un CD-player?
- Nu, nu avem un CD-player.

13

- Unde este harta noastră?
- Harta noastră este în cameră.
- Este pe masă?
- Da, este pe masă.

14

- Unde sunt băieții?
- Sunt în cafenea.
- Unde sunt bicicletele?
- Sunt în fața cafenelei.
- Unde este Paul?
- Și el este în cafenea.

10

- *Do you have a Spanish book?*
- *No, I do not. I do not have a Spanish book. I have no books.*

11

- *Does she have a cat?*
- *No, she does not. She does not have a cat. She has no animal.*

12

- *Do you have a CD player?*
- *No, we do not. We do not have a CD player.*

13

- *Where is our map?*
- *Our map is in the room.*
- *Is it on the table?*
- *Yes, it is.*

14

- *Where are the boys?*
- *They are in the café.*
- *Where are the bikes?*
- *They are at the café.*
- *Where is Paul?*
- *He is in the café too.*

4

Mă puteți ajuta, vă rog?
Can you help, please?

Cuvinte
Words

1. a citi - read
2. a învăța - learn
3. a lua - take
4. a merge - go; Eu merg la bancă. - I go to the bank.
5. a mulțumi - thank; mulțumesc - thank you, thanks
6. a permite - may
7. a pune (pe un scaun, etc.) - sit
8. a putea - can; Eu pot citi. - I can read.
9. a scrie - write
10. a se juca - play
11. a vorbi - speak
12. adresă - address
13. ajutor - help; a ajuta - to help
14. bancă - bank
15. dar - but
16. loc - place
17. nu trebuie să - must not
18. pentru - for
19. te rog, vă rog - please
20. trebuie - must; Trebuie să plec. - I must go.

B

Mă puteți ajuta, vă rog?
1

- Mă puteți ajuta, vă rog?
- Da, pot.

Can you help, please?
1

- *Can you help me, please?*
- *Yes, I can.*
- *I cannot write the address in*

- Nu pot să scriu adresa în engleză. O puteți scrie pentru mine?
- Da, pot.
- Mulțumesc.

2

- Știi să joci tenis?
- Nu, dar pot învăța. Mă poți ajuta să învăț?
- Da, te pot ajuta să înveți să joci tenis.
- Mulțumesc.

3

- Vorbești engleza?
- Pot vorbi și citi în engleză, dar nu pot scrie.
- Vorbești germana?
- Pot să vorbesc, să citesc și să scriu în germană.
- Poate și Linda să vorbească germana?
- Nu, nu poate. Este americancă.
- Ei vorbesc engleza?
- Da, puțin. Ei sunt studenți și învață engleza. Acest băiat nu vorbește engleza deloc.

4

- Unde sunt ei?
- Ei joacă tenis acum.
- Putem juca și noi?
- Da, putem.

5

- Unde este Robert?
- Poate că este la cafenea.

6

- Stați la această masă, vă rog.
- Mulțumesc. Îmi pot pune cărțile pe această masă?
- Da.
- Paul poate sta la această masă?
- Da, poate.

7

- Pot sta pe patul ei?
- Nu, nu poți.
- Linda poate să ia CD-player-ul lui?
- Nu. Ea nu poate să ia CD-player-ul lui.

8

- Pot lua ei harta ei?

English. Can you write it for me?
- Yes, I can.
- Thank you.

2

- Can you play tennis?
- No, I cannot. But I can learn. Can you help me to learn?
- Yes, I can. I can help you to learn to play tennis.
- Thank you.

3

- Can you speak English?
- I can speak and read English but I cannot write.
- Can you speak German?
- I can speak, read and write German.
- Can Linda speak German too?
- No, she cannot. She is American.
- Can they speak English?
- Yes, they can a little. They are students and they learn English. This boy cannot speak English.

4

- Where are they?
- They play tennis now.
- May we play too?
- Yes, we may.

5

- Where is Robert?
- He may be at the café.

6

- Sit at this table, please.
- Thank you. May I place my books on that table?
- Yes, you may.
- May Paul sit at his table?
- Yes, he may.

7

- May I sit on her bed?
- No, you must not.
- May Linda take his CD player?
- No. She must not take his CD player.

8

- May they take her map?
- No, they may not.

- Nu, nu pot.

9

Tu nu ai voie să stai pe patul ei.
Ea nu are voie să ia CD-player-ul lui.
Ei nu au voie să ia aceste caiete de notițe.

10

- Trebuie să merg la bancă.
- Trebuie să mergi acum?
- Da.

11

- Trebuie să înveți germana?
- Nu trebuie să învăț germana.
- Trebuie să învăț engleza.

12

- Trebuie să meargă ea la bancă?
- Nu, nu trebuie să meargă la bancă.
- Pot lua această bicicletă?
- Nu, nu poți lua această bicicletă.
- Putem pune aceste caiete de notițe pe patul ei?
- Nu, nu puteți pune caietele de notițe pe patul ei.

9

You must not sit on her bed.
She must not take his CD player.
They must not take these notebooks.

10

- *I must go to the bank.*
- *Must you go now?*
- *Yes, I must.*

11

- *Must you learn German?*
- *I need not learn German. I must learn English.*

12

- *Must she go to the bank?*
- *No. She need not go to the bank.*
- *May I take this bike?*
- *No, you must not take this bike.*
- *May we place these notebooks on her bed?*
- *No. You must not place the notebooks on her bed.*

5

Robert locuieşte în SUA acum
Robert lives in the USA now

Cuvinte
Words

1. a asculta - listen
2. a avea nevoie - need
3. a bea - drink
4. a lua micul dejun - have breakfast
5. a mânca - eat
6. a plăcea, a iubi - like, love
7. a vrea - want
8. acolo - there
9. bine - good, well
10. câţiva, câteva - some
11. ceai - tea
12. cinci - five
13. Eu ascult muzică - I listen to music.

14. fată - girl
15. fermă - farm
16. mic dejun - breakfast
17. mobilă - furniture
18. muzică - music
19. oameni - people
20. opt - eight
21. piaţă - square
22. şapte - seven
23. şase - six
24. scaun - chair
25. trei - three
26. ziar - newspaper

Robert trăieşte în SUA acum

1

Linda citeşte bine în engleză. Şi eu citesc în engleză. Studenţii merg în parc. Şi ea merge în parc.

Robert lives in the USA now

1

Linda reads English well. I read English too. The students go to the park. She goes to the park too.

21

2

Noi trăim în San Francisco. Acum și Paul trăiește în San Francisco. Tatăl și mama lui trăiesc în Canada. Robert trăiește în San Francisco acum. Tatăl și mama lui trăiesc în Germania.

3

Studenții joacă tenis. Paul joacă bine. Robert nu joacă bine.

4

Noi bem ceai. Linda bea ceai verde. David bea ceai negru. Și eu beau ceai negru.

5

Eu ascult muzică. Și Sarah ascultă muzică. Îi place să asculte muzică bună.

6

Am nevoie de șase caiete de notițe. David are nevoie de șapte caiete de notițe. Linda are nevoie de opt caiete de notițe.

7

Sarah vrea să bea ceva. Și eu vreau să beau ceva. Paul vrea să mănânce ceva.

8

Pe masă este un ziar. Paul îl ia și citește. Lui îi place să citească ziare.

9

Este ceva mobilă în cameră. Sunt șase mese și șase scaune.

10

Sunt trei fete în cameră. Ele iau micul dejun.

11

Sarah mănâncă pâine și bea ceai. Ei îi place ceaiul verde.

12

Sunt câteva cărți pe masă. Ele nu sunt noi. Ele sunt vechi.

13

- Este o bancă pe strada aceasta?
- Da, sunt cinci bănci pe strada aceasta. Nu sunt mari.

2

We live in San Francisco. Paul lives in San Francisco now too. His father and mother live in Canada. Robert lives in San Francisco now. His father and mother live in Germany.

3

The students play tennis. Paul plays well. Robert does not play well.

4

We drink tea. Linda drinks green tea. David drinks black tea. I drink black tea too.

5

I listen to music. Sarah listens to music too. She likes to listen to good music.

6

I need six notebooks. David needs seven notebooks. Linda needs eight notebooks.

7

Sarah wants to drink. I want to drink too. Paul wants to eat.

8

There is a newspaper on the table. Paul takes it and reads. He likes to read newspapers.

9

There is some furniture in the room. There are six tables and six chairs there.

10

There are three girls in the room. They are eating breakfast.

11

Sarah is eating bread and drinking tea. She likes green tea.

12

There are some books on the table. They are not new. They are old.

13

- Is there a bank in this street?
- Yes, there is. There are five banks in this street. The banks are not big.

14

- Are there people in the square?
- Yes, there are. There are some people in the square.

14

- Sunt oameni în piață?
- Da, sunt câțiva oameni în piață.

15

- Sunt biciclete în fața cafenelei?
- Da, sunt patru biciclete în fața cafenelei. Ele nu sunt noi.

16

- Este un hotel pe strada aceasta?
- Nu, nu sunt hoteluri pe strada aceasta.

17

- Sunt magazine mari pe strada aceasta?
- Nu, nu sunt magazine mari pe strada aceata.

18

- Sunt ferme în SUA?
- Da, sunt multe ferme în SUA.

19

- Este mobilă în acea cameră?
- Da, sunt patru mese și câteva scaune.

15

- *Are there bikes at the café?*
- *Yes, there are. There are four bikes at the café. They are not new.*

16

- *Is there a hotel in this street?*
- *No, there is not. There are no hotels in this street.*

17

- *Are there any big shops in that street?*
- *No, there are not. There are no big shops in that street.*

18

- *Are there any farms in the USA?*
- *Yes, there are. There are many farms in the USA.*

19

- *Is there any furniture in that room?*
- *Yes, there is. There are four tables and some chairs there*

6

Robert are mulţi prieteni
Robert has many friends

 A

Cuvinte
Words

1. a avea mult de lucru - have a lot of work
2. a şti - know
3. a veni / a pleca - come / go
4. agenţie - agency
5. cafea - coffee
6. calculator - computer
7. cartea lui David - David's book
8. CD - CD
9. cuptor - cooker
10. curat - clean
11. în - into

12. la fel - as well
13. liber - free
14. maşină - car
15. mult, multe - much, many
16. prieten - friend
17. serviciu - job; agenţie pentru ocuparea forţei de muncă - job agency
18. sub - under
19. tată - dad
20. timp liber - free time
21. uşă - door

 B

Robert are mulţi prieteni	Robert has many friends
1	*1*
Robert are mulţi prieteni. Prietenii lui Robert merg la cafenea. Lor le place să bea cafea. Prietenii lui Robert beau multă cafea.	*Robert has many friends. Robert's friends go to the café. They like to drink coffee. Robert's friends drink a lot of coffee.*

2

Tatăl lui Paul are o mașină. Mașina tatălui său este curată, dar veche. Tatăl lui Paul conduce mult. Are un loc de muncă bun și are mult de lucru acum.

3

David are multe CD-uri. CD-urile lui David sunt pe patul lui. Și CD-player-ul lui David este pe patul lui.

4

Robert citește ziare americane. Sunt multe ziare pe masa din camera lui Robert.

5

Nancy are o pisică și un câine. Pisica lui Nancy este în cameră, sub pat. Și câinele lui Nancy este tot în cameră.

6

În mașină este un bărbat. Bărbatul are o hartă. Harta bărbatului este mare. Acest bărbat conduce mult.

7

Eu sunt student. Am mult timp liber. Merg la o agenție pentru ocuparea forței de muncă. Am nevoie de un loc de muncă bun.

8

Paul și Robert au puțin timp liber. Și ei merg la agenția pentru ocuparea forței de muncă. Paul are un calculator. Poate că agenția îi va oferi lui Paul un loc de muncă bun.

9

Linda are un cuptor nou. Cuptorul Lindei este bun și curat. Linda pregătește micul dejun pentru copiii ei. Nancy și David sunt copiii Lindei. Copiii Lindei beau mult ceai. Mama bea puțină cafea. Mama lui Nancy poate spune doar câteva cuvinte în germană. Ea vorbește foarte puțină germană. Linda are un loc de muncă. Ea are puțin timp liber.

10

Robert vorbește puțină engleză. El cunoaște doar foarte puține cuvinte în engleză. Eu știu multe cuvinte în engleză. Eu vorbesc puțină engleză.

2

Paul's dad has a car. The dad's car is clean but old. Paul's dad drives a lot. He has a good job and he has a lot of work now.

3

David has a lot of CDs. David's CDs are on his bed. David's CD player is on his bed as well.

4

Robert reads American newspapers. There are many newspapers on the table in Robert's room.

5

Nancy has a cat and a dog. Nancy's cat is in the room under the bed. Nancy's dog is in the room as well.

6

There is a man in this car. This man has a map. The man's map is big. This man drives a lot.

7

I am a student. I have a lot of free time. I go to a job agency. I need a good job.

8

Paul and Robert have a little free time. They go to the job agency as well. Paul has a computer. The agency may give Paul a good job.

9

Linda has a new cooker. Linda's cooker is good and clean. Linda cooks breakfast for her children. Nancy and David are Linda's children. Linda's children drink a lot of tea. The mother drinks a little coffee. Nancy's mother can speak very few German words. She speaks German very little. Linda has a job. She has little free time.

10

Robert can speak English little. Robert knows very few English words. I know a lot of English words. I can speak English a little. This woman knows a

Această femeie cunoaște multe cuvinte în engleză. Ea vorbește engleza bine.

11

George lucrează la o agenție pentru ocuparea forței de muncă. Această agenție pentru ocuparea forței de muncă este în San Francisco. George are o mașină. Mașina lui George este în stradă. George are mult de lucru. El trebuie să meargă la agenție. El conduce până acolo. George intră în agenție. Acolo sunt mulți studenți. Ei au nevoie de locuri de muncă. Munca lui George este să-i ajute pe studenți.

12

În fața hotelului este o mașină. Ușile mașinii nu sunt curate. În acest hotel locuiesc mulți studenți. Camerele hotelului sunt mici, dar curate. Aceasta este camera lui Robert. Fereastra camerei este mare și curată.

lot of English words. She can speak English well.

11

George works at a job agency. This job agency is in San Francisco. George has a car. George's car is in the street. George has a lot of work. He must go to the agency. He drives there. George comes into the agency. There are a lot of students there. They need jobs. George's job is to help the students.

12

There is a car at the hotel. The doors of this car are not clean.
Many students live in this hotel. The rooms of the hotel are little but clean. This is Robert's room. The window of the room is big and clean.

7

David cumpără o bicicletă
David buys a bike

Cuvinte
Words

1. a face - make
2. a merge cu bicicleta - go by bike, ride a bike
3. a spăla - wash
4. apoi - after that
5. atunci - then
6. autobuz - bus; a merge cu autobuzul - go by bus
7. azi - today
8. baie - bathroom; vană - bath
9. bicicletă sport - sport bike
10. birou - office
11. bucătărie - kitchen
12. casă - home; a merge acasă - go home
13. centru - centre; centrul orașului - city centre

14. cu - with
15. dimineață - morning
16. față - face
17. filtru de cafea - coffee maker
18. firmă - firm
19. firme - firms
20. gustare - snack
21. masă de baie - bathroom table
22. mașină de spălat - washer
23. muncitor - worker
24. rând - queue
25. sâmbătă - Saturday
26. sport - sport; magazin de articole sportive - sport shop
27. timp - time
28. unul câte unul - one by one

B

David cumpără o bicicletă

Este sâmbătă dimineața. David merge la baie. Baia nu este mare. Acolo se află o cadă, o

David buys a bike

It is Saturday morning. David goes to the bathroom. The bathroom is not big. There

maşină de spălat şi o masă de toaletă. David se spală pe faţă. Apoi merge în bucătărie. Pe masa din bucătărie este un ceainic. David mănâncă micul dejun. Micul dejun al lui David nu este mare. Apoi face cafea la filtrul de cafea şi o bea. Azi vrea să meargă la un magazin de articole sportive. David iese în stradă. Ia autobuzul şapte. Lui David nu îi ia mult timp să meargă la magazin cu autobuzul. David intră în magazinul de articole sportive. El vrea să îşi cumpere o bicicletă sport nouă. Acolo sunt multe biciclete sport. Ele sunt negre, albastre şi verzi. Lui David îi plac bicicletele albastre. El vrea să cumpere una albastră. În magazin este coadă. Lui David îi ia mult timp să cumpere bicicleta. Apoi merge în stradă şi se plimbă cu bicicleta. Merge până în centrul oraşului. Apoi merge din centrul oraşului până în parc. Este aşa de bine să te plimbi cu o bicicleta sport nouă!

Este sâmbătă dimineaţa, dar George este în biroul lui. Are mult de muncă azi. În faţa biroului lui George este coadă. La această coadă sunt mulţi studenţi şi muncitori. Au nevoie de un loc de muncă. Ei intră unul câte unul în biroul lui George. Ei vorbesc cu George. Apoi el le dă adrese ale firmelor. Este timpul pentru o gustare acum. George face cafea la filtrul de cafea. Îşi ia gustarea şi bea nişte cafea. Acum nu mai este coadă în faţa biroului său. George poate merge acasă. Iese în stradă. Este o zi aşa de frumoasă! George merge acasă. Îşi ia copiii şi merge în parcul oraşului. Ei petrec timp frumos acolo.

is a bath, a washer and a bathroom table there. David washes his face. Then he goes to the kitchen. There is a tea-maker on the kitchen table. David eats his breakfast. David's breakfast is not big. Then he makes some coffee with the coffee-maker and drinks it. He wants to go to a sport shop today. David goes into the street. He takes bus seven. It takes David a little time to go to the shop by bus. David goes into the sport shop. He wants to buy a new sport bike. There are a lot of sport bikes there. They are black, blue and green. David likes blue bikes. He wants to buy a blue one. There is a queue in the shop. It takes David a lot of time to buy the bike. Then he goes to the street and rides the bike. He rides to the city centre. Then he rides from the city centre to the city park. It is so nice to ride a new sport bike!

It is Saturday morning but George is in his office. He has a lot of work today. There is a queue to George's office. There are many students and workers in the queue. They need a job. They go one by one into George's room. They speak with George. Then he gives addresses of firms. It is snack time now. George makes some coffee with the coffee maker. He eats his snack and drinks some coffee. There is no queue to his office now. George can go home. He goes into the street. It is so nice today! George goes home. He takes his children and goes to the city park. They have a nice time there.

8

Linda vrea să cumpere un DVD nou
Linda wants to buy a new DVD

A

Cuvinte
Words

1. a arăta - show
2. a da - give, hand
3. a dura - last, take; Filmul durează mai mult de trei ore. - The movie lasts more than three hours.
4. a întreba - ask
5. a spune - say
6. aventură - adventure
7. că - that; Ştiu că această carte este interesantă. - I know that this book is interesting.
8. casetă video - videocassette
9. cească ceaşcă - cup
10. cincisprezece - fifteen
11. cutie - box
12. decât, ca - than; George este mai în vârstă ca Linda. - George is older than Linda.
13. douăzeci - twenty
14. DVD - DVD, dvduri
15. film - film
16. film preferat - favourite film
17. interesant - interesting
18. lung - long
19. mai mult - more
20. mare/mai mare/cel mai mare - big / bigger / the biggest
21. oră - hour
22. pleacă - go away
23. preferat - favourite
24. prietenos - friendly
25. tânăr - young
26. vânzător - shop assistant
27. videotecă - video-shop

B

Linda vrea să cumpere un DVD nou

David şi Nancy sunt copiii Lindei. Nancy este cea mai mică. Ea are cinci ani. David este cu cincisprezece ani mai mare ca Nancy. El are douăzeci de ani. Nancy este mult mai tânără ca David.

Nany, Linda şi David sunt în bucătărie. Ei beau ceai. Ceaşca lui Nancy este mare. Ceaşca Lindei este mai mare. Ceaşca lui David este cea mai mare.

Linda are multe casete video şi DVD-uri cu filme interesante. Ea vrea să cumpere un film mai nou. Ea merge la o videotecă. Acolo sunt multe cutii cu casete video şi DVD-uri. Ea roagă un vânzător să o ajute. Vânzătorul îi dă Lindei câteva casete. Linda vrea să ştie mai multe despre aceste filme, dar vânzătorul pleacă.

Mai este o vânzătoare în magazin, iar ea este mai prietenoasă. Ea o întreabă pe Linda despre filmele ei preferate. Lindei îi plac filmele romantice şi de aventură. 'Titanic' este filmul ei preferat. Vânzătoarea îi arată Lindei un DVD cu cel mai nou film de la Hollywood, 'Prietenul german'. Acesta este despre aventurile romantice ale unui bărbat şi ale unei tinere femei în SUA.

Ea îi arată Lindei şi un DVD cu filmul 'Firma'. Vânzătoarea îi spune că filmul 'Firma' este unul dintre cele mai interesante filme. Şi este şi unul dintre cele mai lungi. Durează mai mult de trei ore. Lindei îi plac filmele mai lungi. Ea spune că 'Titanic' este cel mai interesant şi mai lung film pe care îl are. Linda cumpără DVD-ul cu filmul 'Firma'. Ea îi mulţumeşte vânzătoarei şi pleacă.

Linda wants to buy a new DVD

David and Nancy are Linda's children. Nancy is the youngest child. She is five years old. David is fifteen years older than Nancy. He is twenty. Nancy is much younger than David. Nancy, Linda and David are in the kitchen. They drink tea. Nancy's cup is big. Linda's cup is bigger. David's cup is the biggest. Linda has a lot of videocassettes and DVDs with interesting films. She wants to buy a newer film. She goes to a video-shop. There are many boxes with videocassettes and DVDs there. She asks a shop assistant to help her. The shop assistant hands Linda some cassettes. Linda wants to know more about these films but the shop assistant goes away. There is one more shop assistant in the shop and she is friendlier. She asks Linda about her favorite films. Linda likes romantic films and adventure films. The film 'Titanic' is her favorite film. The shop assistant shows Linda a DVD with the newest Hollywood film 'The German Friend'. It is about romantic adventures of a man and a young woman in the USA.

She shows Linda a DVD with the film 'The Firm' as well. The shop assistant says that the film 'The Firm' is one of the most interesting films. And it is one of the longest films as well. It is more than three hours long. Linda likes longer films. She says that 'Titanic' is the most interesting and the longest film that she has. Linda buys a DVD with the film 'The Firm'. She thanks the shop assistant and goes.

9

Paul ascultă muzică germană
Paul listens to German songs

 A

Cuvinte
Words

1. a cânta - sing; cântăreț - singer
2. a chema - call; centru de apel - call centre
3. a fugi - run
4. a începe - begin
5. a plăcea - like; Îmi place. - I like that.
6. a sări - jump
7. a suna la telefon - call on the phone
8. a-i fi rușine - be ashamed
9. aproape - near, nearby, next
10. apropiere - nearness
11. cam, aproximativ - about
12. cămin studențesc - dorms
13. cap - head; a merge - to head, to go
14. familie - family
15. fiecare - every
16. foarte - very
17. geantă - bag
18. ieșit din funcțiune - out of order
19. înainte, în fața - before
20. minut - minute
21. nume - name
22. pâine - bread
23. pălărie - hat
24. pentru că - because
25. propoziție - phrase
26. simplu - simple
27. telefon - telephone; a telefona - to telephone
28. unt - butter
29. zi - day

B

Paul ascultă muzică germană

Carol este studentă. Ea are douăzeci de ani.
Carol este din Spania. Ea locuiește în căminul
studențesc. Ea este o fată foarte drăguță. Carol
poartă o rochie albastră. Are o pălărie pe cap.
Carol vrea să își sune familia astăzi. Merge la
centrul telefonic, fiindcă telefonul ei nu
funcționează. Centrul telefonic se află în fața
cafenelei. Carol își sună familia. Ea vorbește cu
mama și cu tatăl ei. Apelul durează cam cinci
minute. Apoi își sună prietena, Angela. Acest
apel durează cam trei minute.

Lui Robert îi place sportul. El merge la alergat
în fiecare dimineață în parcul de lângă căminul
studențesc. El aleargă și astăzi. El și sare. El
sare foarte departe. Paul și David aleargă și sar
cu Robert. Săriturile lui David sunt mai lungi.
Săriturile lui Paul sunt cele mai lungi. El sare
cel mai bine dintre toți. Apoi Robert și Paul
aleargă către căminul studențesc, iar David
aleargă acasă.

Robert ia micul dejun în camera lui. El ia pâine
și unt. El face cafea la filtrul de cafea. Apoi își
unge pâinea cu unt și mănâncă.

Robert locuiește în căminul studențesc, în San
Francisco. Camera lui este aproape de camera
lui Paul. Camera lui Robert nu este mare. Ea
este curată pentru că Robert o curăță zilnic. În
camera lui se află o masă, un pat, niște scaune și
alte câteva piese de mobilier. Cărțile și caietele
lui Robert sunt pe masă. Geanta lui este sub
masă. Scaunele sunt la masă. Robert ia niște
CD-uri în mână și merge în camera lui Paul,
deoarece Paul vrea să asculte muzică germană.
Paul este în camera lui, la masă. Pisica lui este
sub masă. În fața pisicii se află niște pâine.
Pisica mănâncă pâinea.

Robert îi dă lui Paul CD-urile. Pe CD-uri este
cea mai bună muzică germană. Paul vrea să știe
și numele cântăreților germani. Robert îi
numește pe cântăreții lui preferați. El îi numește

Paul listens to German songs

*Carol is a student. She is twenty years old.
Carol is from Spain. She lives in the student
dorms. She is a very nice girl. Carol has a
blue dress on. There is a hat on her head.
Carol wants to telephone her family today.
She heads to the call centre because her
telephone is out of order. The call centre is
in front of the café. Carol calls her family.
She speaks with her mother and father. The
call takes her about five minutes. Then she
calls her friend Angela. This call takes her
about three minutes.*

*Robert likes sport. He runs every morning in
the park near the dorms. He is running today
too. He jumps as well. His jumps are very
long. Paul and David are running and
jumping with Robert. David's jumps are
longer. Paul's jumps are the longest. He
jumps best of all. Then Robert and Paul run
to the dorms and David runs home.*

*Robert has his breakfast in his room. He
takes bread and butter. He makes some
coffee with the coffee-maker. Then he butters
the bread and eats.*

*Robert lives in the dorms in San Francisco.
His room is near Paul's room. Robert's
room is not big. It is clean because Robert
cleans it every day. There is a table, a bed,
some chairs and some more furniture in his
room. Robert's books and notebooks are on
the table. His bag is under the table. The
chairs are at the table. Robert takes some
CDs in his hand and heads to Paul's because
Paul wants to listen to German music.*

*Paul is in his room at the table. His cat is
under the table. There is some bread before
the cat. The cat eats the bread. Robert hands
the CDs to Paul. There is the best German
music on the CDs. Paul wants to know the
names of the German singers as well. Robert*

pe Jan Delay, Nena şi Herbert Grönemeyer.
Aceste nume sunt noi pentru Paul.
El ascultă CD-urile, iar apoi începe să cânte
cântecele germane! Lui îi plac aceste cântece
foarte mult. Paul îi cere lui Robert să scrie
versurile cântecelor. Robert îi scrie lui Paul
versurile celor mai bune cântece germane. Paul
spune că vrea să înveţe versurile unor cântece şi
îi cere lui Robert să-l ajute. Robert îl ajută pe
Paul să înveţe cuvintele germane. Durează
foarte mult, deoarece Robert nu vorbeşte bine
engleza. Robert este ruşinat. El nu poate nici
măcar să spună nişte propoziţii simple! Apoi
Robert merge în camera lui şi învaţă engleza.

names his favorite singers. He names
Blümchen, Nena and Herbert Grönemeyer.
These names are new to Paul.
He listens to the CDs and then begins to sing
the German songs! He likes these songs very
much. Paul asks Robert to write the words of
the songs. Robert writes the words of the best
German songs for Paul. Paul says that he
wants to learn the words of some songs and
asks Robert to help. Robert helps Paul to
learn the German words. It takes a lot of
time because Robert cannot speak English
well. Robert is ashamed. He cannot say some
simple phrases! Then Robert goes to his
room and learns English.

Paul cumpără manuale despre design
Paul buys textbooks on design

A

Cuvinte
Words

1. a alege - choose
2. a costa - cost
3. a explica - explain
4. a plăti - pay
5. a se uita - look
6. a studia - study
7. a vedea - see
8. bun - fine
9. chiar - really
10. doar - only
11. fel - kind, type
12. limbă - language
13. limbă maternă - native language
14. lui - him
15. manual - textbook
16. oricare - any
17. pa - bye
18. poză - picture
19. program - program
20. proiect - design
21. salut - hello
22. temă, lecție - lesson
23. universitate - college

B

Paul cumpără manuale despre design

Paul este canadian şi engleza este limba sa
maternă. El studiază design-ul la
universitatea din San Francisco. Astăzi este

Paul buys textbooks on design

*Paul is Canadian and English is his native
language. He studies design at college in San
Francisco.*
It is Saturday today and Paul has a lot of free

sâmbătă şi Paul are foarte mult timp liber. El vrea să cumpere nişte cărţi despre design. El merge la librăria din apropiere. S-ar putea să aibă nişte manuale despre design. Intră în magazin şi se uită la masa cu cărţi. O femeie vine la Paul. Ea este vânzătoare.

"Bună ziua. Vă pot ajuta?" îl întreabă vânzătoarea.

"Bună ziua," spune Paul. "Studiez design-ul la universitate. Am nevoie de nişte manuale. Aveţi nişte manuale despre design?" o întreabă Paul.

"Ce fel de design? Avem manuale pentru design mobilier, design auto, design sportiv, design de internet," îi explică ea.

"Îmi puteţi arăta nişte manuale pentru design mobilier şi de internet?" îi spune Paul.

"Vă puteţi alege cărţile de pe mesele următoare. Uitaţi-vă la ele. Aceasta este o carte de designer-ul italian de mobilă Palatino. Acest designer explică design-ul mobilei italiene. El explică, de asemenea, design-ul mobilei din Europa şi SUA. Sunt nişte poze bune în carte," îi explică vânzătoarea.

"Văd că sunt şi teme în carte. Această carte este chiar bună. Cât costă?" o întreabă Paul.

"Costă 52 de dolari. Iar cartea e însoţită de un CD. CD-ul conţine un program pentru design mobilier," îi spune vânzătoarea.

"Chiar îmi place," spune Paul.

"Puteţi vedea nişte manuale despre design-ul internetului acolo," îi explică femeia.

"Această carte este despre programul Microsoft Office. Iar aceste cărţi sunt despre programul Flash. Uitaţi-vă la această carte roşie. Este despre Flash şi are nişte lecţii interesante. Alegeţi-vă una, vă rog."

"Cât costă cartea roşie?" întreabă Paul.

"Această carte cu două CD-uri costă doar 43 de dolari," spune vânzătoarea.

"Vreau să cumpăr cartea lui Palatino despre design-ul mobilierului şi cartea roşie despre Flash. Cât trebuie să plătesc pentru ele?" întreabă Paul.

time. He wants to buy some books on design. He goes to the nearby book shop. They may have some textbooks on design. He comes into the shop and looks at the tables with books. A woman comes to Paul. She is a shop assistant.

"Hello. Can I help you?" the shop assistant asks him.

"Hello," Paul says. "I study design at college. I need some textbooks. Do you have any textbooks on design?" Paul asks her.

"What kind of design? We have some textbooks on furniture design, car design, sport design, internet design," she explains to him.

"Can you show me some textbooks on furniture design and internet design?" Paul says to her.

"You can choose the books from the next tables. Look at them. This is a book by Italian furniture designer Palatino. This designer explains the design of Italian furniture. He explains the furniture design of Europe and the USA as well. There are some fine pictures there," the shop assistant explains.

"I see there are some lessons in the book too. This book is really fine. How much is it?" Paul asks her.

"It costs 52 dollars. And with the book you have a CD. There is a computer program for furniture design on the CD," the shop assistant says to him.

"I really like it," Paul says.

"You can see some textbooks on internet design there," the woman explains to him. "This book is about the computer program Microsoft Office. And these books are about the computer program Flash. Look at this red book. It is about Flash and it has some interesting lessons. Choose, please."

"How much is this red book?" Paul asks her.

"This book, with two CDs, costs only 43 dollars," the shop assistant says to him.

"I want to buy this book by Palatino about furniture design and this red book about Flash. How much must I pay for them?" Paul asks.

"You need to pay 95 dollars for these two books," the shop assistant says to him.

"Trebuie să plătiți 95 de dolari pentru aceste două cărți," spune vânzătoarea.
Paul plătește. Apoi ia cărțile și CD-urile.
"Pa," îi spune vânzătoarea.
"Pa," spune Paul și pleacă.

Paul pays. Then he takes the books and the CDs.
"Bye," the shop assistant says to him.
"Bye," Paul says to her and goes.

Robert vrea să câştige nişte bani (partea 1)
Robert wants to earn some money (part 1)

A

Cuvinte
Words

1. a câştiga - earn; Câştig 10 dolari pe oră. - I earn 10 dollars per hour.
2. a încărca - load; încărcător - loader
3. a înţelege - understand
4. a răspunde - answer
5. bine - OK, well
6. camion - truck
7. cutie - box
8. departamentul de resurse umane - personnel department
9. după - after
10. energie - energy
11. final - finish; a termina - to finish
12. greu - hard
13. în mod normal - usually

14. încă unul - one more
15. listă - list
16. mai bine - better
17. normal - usual
18. notiţă - note
19. număr - number
20. oră - hour; din oră în oră - hourly
21. oră - o'clock; Este ora două - It is two o'clock.
22. parte - part
23. rapid - quick, quickly
24. transport - transport
25. va continua - be continued
26. zi - day; zilnic - daily

B

Robert vrea să câştige nişte bani (partea 1)

Robert are zilnic timp liber după facultate. El vrea să câştige nişte bani. El merge la o agenţie

Robert wants to earn some money (part 1)

Robert has free time daily after college. He wants to earn some money. He heads to a

pentru ocuparea forţei de muncă. Ei îi dau adresa unei firme de transport. Firma de transport *Rapid* are nevoie de un încărcător. Această muncă este chiar grea. Dar plătesc 11 dolari pe oră. Robert vrea să accepte această slujbă. Aşa că merge la biroul firmei de transport.

"Bună ziua. Am O notiţă pentru voi de la o agenţie pentru ocuparea forţei de muncă," îi spune Robert unei femei de la departamentul de resurse umane. Îi dă notiţa.

"Bună ziua," îi spune femeia. "Numele meu este Margaret Bird. Sunt şefa departamentului de resurse umane. Cum vă numiţi?"

"Numele meu este Robert Genscher," spune Robert.

"Sunteţi american?" întreabă Margaret.

"Nu. Sunt german," răspunde Robert.

"Puteţi vorbi şi scrie bine în engleză?" întreabă ea.

"Da," spune el.

"Câţi ani aveţi?" întreabă ea.

"Am 20 de ani," răspunde Robert.

"Vreţi să lucraţi la firma de transport ca şi încărcător?" îl întreabă şefa departamentului de resurse umane.

Lui Robert îi este ruşine să spună că nu poate avea un loc de muncă mai bun pentru că nu vorbeşte engleza bine. Aşa că spune: "Vreau să câştig 11 dolari pe oră."

"Bine," spune Margaret. "În mod normal, firma noastră de transport nu are aşa mult de încărcat. Dar acum chiar mai avem nevoie de un încărcător. Puteţi încărca repede cutii cu 20 de kg de încărcătură?"

"Da, pot. Am multă energie," răspunde Robert.

"Avem nevoie de un încărcător zilnic, pentru trei ore. Puteţi lucra de la patru la şapte?" întreabă ea.

"Da, cursurile mele se termină la ora unu," răspunde studentul.

"Când puteţi începe să lucraţi?" îl întreabă şefa departamentului de resurse umane.

"Pot începe acum," răspunde Robert.

"Bine. Uitaţi-vă peste această listă de încărcături. Acolo sunt nume de firme şi magazine," explică

job agency. They give him the address of a transport firm. The transport firm Rapid needs a loader. This work is really hard. But they pay 11 dollars per hour. Robert wants to take this job. So he goes to the office of the transport firm.

"Hello. I have a note for you from a job agency," Robert says to a woman in the personnel department of the firm. He gives her the note.

"Hello," the woman says. "My name is Margaret Bird. I am the head of the personnel department. What is your name?"

"My name is Robert Genscher," Robert says.

"Are you American?" Margaret asks.

"No. I am German," Robert answers.

"Can you speak and read English well?" she asks.

"Yes, I can," he says.

"How old are you, Robert?" she asks.

"I am twenty years old," Robert answers.

"Do you want to work at the transport firm as a loader?" the head of the personnel department asks him.

Robert is ashamed to say that he cannot have a better job because he cannot speak English well. So he says: "I want to earn 11 dollars per hour."

"Well-well," Margaret says. "Our transport firm usually does not have much loading work. But now we really need one more loader. Can you load quickly boxes with 20 kilograms of load?"

"Yes, I can. I have a lot of energy," Robert answers.

"We need a loader daily for three hours. Can you work from four to seven o'clock?" she asks.

"Yes, my lessons finish at one o'clock," the student answers to her.

"When can you begin the work?" the head of the personnel department asks him.

"I can begin now," Robert answers.

"Well. Look at this loading list. There are

38

Margaret. "Fiecare firmă şi magazin are nişte numere. Acestea sunt numerele cutiilor. Iar acestea sunt numerele camioanelor în care trebuie să încărcaţi cutiile. Camioanele vin şi pleacă din oră în oră. Deci va trebui să lucraţi repede. Bine?"

"Bine," răspunde Robert, neînţelegând-o prea bine pe Margaret.

"Acum, luaţi această listă cu încărcături şi mergeţi la uşa de încărcare numărul trei," îi spune şefa departamentului de resurse umane lui Robert. Robert ia lista cu încărcături şi merge la treabă.

(va continua)

some names of firms and shops in the list," Margaret explains. "Every firm and shop has some numbers. They are numbers of the boxes. And these are numbers of the trucks where you must load these boxes. The trucks come and go hourly. So you need to work quickly. OK?"

"OK," Robert answers, not understanding Margaret well.

"Now take this loading list and go to the loading door number three," the head of the personnel department says to Robert. Robert takes the loading list and goes to work.

(to be continued)

Robert vrea să câştige nişte bani (partea 2)
Robert wants to earn some money (part 2)

 A

Cuvinte
Words

1. a aduce - bring
2. a conduce - drive
3. a întâlni - meet
4. a merge - walk
5. a se ridica - get up; Ridică-te! - Get up!
6. a urî - hate
7. a-i părea rău - be sorry; Îmi pare rău. - I am sorry.
8. aici - here (a place)
9. aici este - here is
10. al lor - their
11. al tău - your
12. bucuros - glad

13. corect - correct, correctly; a corecta - to correct
14. domnul, Dl. - mister, Mr.
15. fiu - son
16. în loc de - instead of
17. în locul tău - instead of you
18. înapoi - back
19. incorect, greşit - incorrectly
20. luni - Monday
21. mamă - mom, mother
22. motiv - reason
23. profesor - teacher
24. rău - bad
25. şofer - driver

Robert vrea să câştige nişte bani (partea 2)

La uşa de încărcare numărul trei sunt multe camioane. Ele se întorc cu încărcătura lor. Şeful departamentului de resurse umane şi şeful firmei vin acolo. Ei merg la Robert. Robert încarcă cutii într-un camion. El lucrează repede.

"Hei, Robert! Vino, te rog, aici," îl strigă Margaret. "Acesta este şeful firmei, domnul Profit."

"Mă bucur să vă cunosc," spune Robert, mergând la ei.

"Şi eu," răspunde domnul Profit. "Unde este lista dumneavoastră de încărcare?"

"Este aici." Robert îi dă lista de încărcare.

"Măi-măi," spune domnul Profit, uitându-se la listă. "Vedeţi aceste camioane? Ele aduc încărcătura înapoi, pentru că aţi încărcat greşit cutiile. Cutiile cu cărţi vor fi duse la un magazin de mobilă, în loc de librărie, cutiile cu casete video şi DVD-uri la o cafenea, în loc de un magazin video, iar cutiile cu sandvişuri la un magazin video, în loc de o cafenea! Este o treabă proastă! Îmi pare rău, dar nu puteţi lucra la firma noastră," spune domnul Profit şi se întoarce la biroul lui.

Robert nu poate încărca cutiile corect, deoarece poate citi şi înţelege doar foarte puţine cuvinte în engleză. Margaret se uită la el. Robert este ruşinat.

"Robert, poţi să îţi îmbunătăţeşti engleza şi apoi să revii. OK?" spune Margaret.

"OK," răspunde Robert. "Pa, Margaret"

"Pa, Robert," răspunde Margaret.

Robert merge acasă. El vrea acum să îşi îmbunătăţească engleza şi apoi să îşi caute o slujbă nouă.

Este timpul să mergem la universitate

Într-o dimineaţă de luni o mamă intră în

Robert wants to earn some money (part 2)

There are many trucks at the loading door number three. They are coming back bringing back their loads. The head of the personnel department and the head of the firm come there. They come to Robert. Robert is loading boxes in a truck. He is working quickly.

"Hey, Robert! Please, come here," Margaret calls him. "This is the head of the firm, Mr. Profit."

"I am glad to meet you," Robert says coming to them.

"I too," Mr. Profit answers. "Where is your loading list?"

"It is here," Robert gives him the loading list.

"Well-well," Mr. Profit says looking in the list. "Look at these trucks. They are coming back bringing back their loads because you load the boxes incorrectly. The boxes with books go to a furniture shop instead of the book shop, the boxes with videocassettes and DVDs go to a café instead of the video shop, and the boxes with sandwiches go to a video shop instead of the café! It is bad work! Sorry but you cannot work at our firm," Mr.Profit says and walks back to the office.

Robert cannot load boxes correctly because he can read and understand very few English words. Margaret looks at him. Robert is ashamed.

"Robert, you can learn English better and then come again. OK?" Margaret says.

"OK," Robert answers. "Bye Margaret."

"Bye Robert," Margaret answers.

Robert walks home. He wants to learn English better now and then take a new job.

It is time to go to college

Monday morning a mother comes into the room to wake up her son.

cameră să-şi trezească fiul.

"Ridică-te, e ora şapte. E timpul să mergi la universitate."

"Mamă, dar de ce? Nu vreau să mă duc."

"Spune-mi două motive pentru care nu vrei să te duci," îi spune mama fiului.

"Studenţii mă urăsc şi profesorii la fel!"

"O, acestea nu sunt motive să nu te duci la universitate. Ridică-te!"

"OK. Spune-mi două motive pentru care trebuie să mă duc la universitate," îi spune el mamei.

"Bine. În primul rând, pentru că ai cincizeci şi cinci de ani. Iar în al doilea rând, pentru că eşti directorul universităţii! Ridică-te acum!"

"Get up, it is seven o'clock. It is time to go to college!"

"But why, Mom? I don't want to go."

"Name me two reasons why you don't want to go," the mother says to the son.

"The students hate me for one and the teachers hate me too!"

"Oh, they are not reasons not to go to college. Get up!"

"OK. Name me two reasons why I must go to college," he says to his mother.

"Well, for one, you are 55 years old. And for two, you are the head of the college! Get up now!"

First Romanian Reader
Pre-intermediate

13

Numele hotelului
The name of the hotel

A

Cuvinte

1. a arăta - show
2. a deschide - open
3. a dormi - sleep
4. a găsi - find
5. a merge - walk
6. a se opri - stop
7. a sta (în picioare) - stand
8. a surprinde - to surprise
9. (a trece) pe lângă - past
10. a vedea - see
11. a zâmbi - to smile
12. acum - now
13. altul - another
14. atunci - then
15. deja - already
16. departe - away
17. din nou - again
18. drum - way
19. furios - angry
20. jos - down

21. lac - lake
22. lift - lift
23. noapte - night
24. obosit - tired
25. pe jos - on foot
26. peste - over, across
27. picior - foot
28. pod - bridge
29. Polonia - Poland
30. prin - through
31. reclamă - advert
32. rotund - round
33. seară - evening
34. şofer de taxi - taxi driver
35. stupid, prost - silly
36. surprins - surprised
37. surpriză - surprise
38. taxi - taxi
39. zâmbet - smile

B

Numele hotelului

Acesta este un student. Numele lui este Kasper. Kasper este din Polonia. El nu vorbeşte engleza. El vrea să înveţe engleza la o universitate din SUA. Kasper locuieşte momentan într-un hotel din San Francisco.

El este în camera lui acum. El se uită pe hartă. Această hartă este foarte bună. Kasper vede străzi, pieţe şi magazine pe hartă. El iese din cameră pe coridorul cel lung, către lift. Liftul coboară. Kasper merge prin holul cel mare afară din hotel. El se opreşte lângă hotel şi scrie numele hotelului în caietul lui.

Lângă hotel există o piaţă rotundă şi un lac. Kasper merge de-a lungul pieţei spre lac. El merge în jurul lacului, la pod. Peste pod trec multe maşini, camioane şi oameni. Kasper trece pe sub pod. Apoi merge de-a lungul unei străzi, către centrul oraşului. El trece pe lângă multe clădiri frumoase.

Este seară deja. Kasper este obosit şi vrea să meargă înapoi la hotel. El opreşte un taxi, apoi îşi deschide caietul şi îi arată şoferului de taxi numele hotelului. Şoferul de taxi se uită în caiet, zâmbeşte şi pleacă mai departe. Kasper nu înţelege. El stă şi se uită în caietul lui. Apoi opreşte un alt taxi şi îi arată şoferului de taxi din nou numele hotelului. Şoferul se uită în caiet. Apoi se uită la Kasper, zâmbeşte şi pleacă şi el mai departe.

Kasper este surprins. El opreşte un alt taxi, dar şi acest taxi pleacă mai departe. Kasper nu înţelege. Este surprins şi furios. Dar nu este prost. Îşi deschide harta şi găseşte drumul spre hotel. El se întoarce la hotel pe jos.

Este noapte. Kasper este în patul lui. El doarme. Stelele privesc în cameră prin fereastră. Caietul este pe masă. Este deschis. "Ford este cea mai bună maşină". Acesta nu este numele hotelului. Aceasta este o reclamă de pe clădirea hotelului.

The name of the hotel

This is a student. His name is Kasper. Kasper is from Poland. He cannot speak English. He wants to learn English at a college in the USA. Kasper lives in a hotel in San Francisco now.

He is in his room now. He is looking at the map. This map is very good. Kasper sees streets, squares and shops on the map. He goes out of the room and through the long corridor to the lift. The lift takes him down. Kasper goes through the big hall and out of the hotel. He stops near the hotel and writes the name of the hotel into his notebook. There is a round square and a lake at the hotel. Kasper goes across the square to the lake. He walks round the lake to the bridge. Many cars, trucks and people go over the bridge. Kasper goes under the bridge. Then he walks along a street to the city centre. He goes past many nice buildings.

It is evening already. Kasper is tired and he wants to go back to the hotel. He stops a taxi, then opens his notebook and shows the name of the hotel to the taxi driver. The taxi driver looks in the notebook, smiles and drives away. Kasper cannot understand it. He stands and looks in his notebook. Then he stops another taxi and shows the name of the hotel to the taxi driver again. The driver looks in the notebook. Then he looks at Kasper, smiles and drives away too.

Kasper is surprised. He stops another taxi. But this taxi drives away too. Kasper cannot understand it. He is surprised and angry. But he is not silly. He opens his map and finds the way to the hotel. He comes back to the hotel on foot.

It is night. Kasper is in his bed. He is sleeping. The stars are looking into the room through the window. The notebook is on the table. It is open. "Ford is the best car". This is not the name of the hotel. This is an advert on the building of the hotel.

14

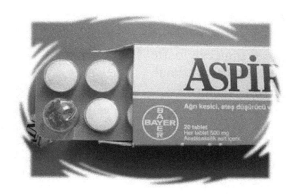

Aspirină
Aspirin

 A

Cuvinte

1. a ajunge (undeva) - get (somewhere)
2. a gândi - think
3. a încerca - try
4. a primi(ceva) - get (something)
5. a se aşeza - sit down
6. a testa, a verifica - to test
7. a trece un test/examen - to pass a test
8. adesea - often
9. alb - white
10. aspirină - aspirin
11. băiat - guy
12. birou - desk
13. că - that *(conj)*
14. cămin studenţesc - dorms
15. câteva - some
16. ceas - watch
17. ceva - something
18. chimic - chemical(adj)
19. chimicale - chemicals
20. chimie - chemistry
21. cristal - crystal

22. desigur - of course
23. după - past
24. farmacie - pharmacy
25. foaie - sheet (of paper)
26. gri - grey
27. hârtie - paper
28. în sfârşit - at last
29. inteligent - smart
30. jumătate - half
31. la opt jumate - at half past eight
32. la ora unu - at one o'clock
33. minunat - wonderful
34. mirositor - stinking
35. pastilă - pill
36. pauză - break, pause
37. pentru - for
38. răspuns - solution, answer
39. sală de clasă - classroom
40. sarcină - task
41. test, examen - test
42. zece - ten

Aspirină

Acesta este un prieten de-ai lui Robert. Numele lui este Paul. Paul este din Canada. Engleza este limba lui maternă. El vorbeşte şi franceza foarte bine. Paul locuieşte în căminul studenţesc. Paul este în camera lui acum. Paul are examen la chimie astăzi. Se uită la ceas. Este ora opt. Este vremea să plece.

Paul iese afară. El merge la universitate. Universitatea este în aproprierea căminului studenţesc. Îi iau aproximativ zece minute până la facultate. Paul ajunge la sala de clasă. Deschide uşa şi se uită în clasă. Acolo sunt nişte studenţi şi profesorul. Paul intră în clasă.

"Bună ziua," spune el.

"Bună ziua," răspund profesorul şi studenţii. Paul merge la banca lui şi se aşază. Examenul începe la opt şi jumătate. Profesorul vine la banca lui Paul.

"Aici este sarcina ta," spune profesorul. Apoi îi dă lui Paul o foaie cu sarcina lui. "Trebuie să obţii aspirină. Poţi lucra de la opt jumate până la doisprezece. Începe, te rog," spune profesorul. Paul cunoaşte sarcina. El ia nişte chimicale şi începe. Lucrează timp de zece minute. Rezultatul este ceva gri şi urât mirositor. Aceasta nu este aspirină bună. Paul ştie că trebuie să obţină cristale mari şi albe de aspirină. Apoi încearcă din nou şi din nou. Paul lucrează timp de o oră, dar rezultatul este, din nou, ceva gri şi urât mirositor.

Paul este nervos şi obosit. Nu poate înţelege. Face o pauză şi se gândeşte puţin. Paul este inteligent. Se gândeşte câteva minute şi apoi găseşte răspunsul! Se ridică.

"Pot lua o pauză de zece minute?" îl întreabă pe profesor.

"Da, desigur," răspunde profesorul. Paul merge afară. El găseşte o farmacie lângă universitate. El intră şi cumpără nişte pastile de aspirină. După zece minute se întoarce în sala de

Aspirin

This is Robert's friend. His name is Paul. Paul is from Canada. English is his native language. He can speak French very well too. Paul lives in the dorms. Paul is in his room now. Paul has a chemistry test today. He looks at his watch. It is eight o'clock. It is time to go.

Paul goes outside. He goes to the college. The college is near the dorms. It takes him about ten minutes to go to the college. Paul comes to the chemical classroom. He opens the door and looks into the classroom. There are some students and the teacher there. Paul comes into the classroom.

"Hello," he says.

"Hello," the teacher and the students answer. Paul comes to his desk and sits down. The chemistry test begins at half past eight. The teacher comes to Paul's desk.

"Here is your task," the teacher says. Then he gives Paul a sheet of paper with the task. "You must make aspirin. You can work from half past eight to twelve o'clock. Begin, please," the teacher says.

Paul knows this task. He takes some chemicals and begins. He works for ten minutes. At last he gets something grey and stinking. This is not good aspirin. Paul knows that he must get big white crystals of aspirin. Then he tries again and again. Paul works for an hour but he gets something grey and stinking again.

Paul is angry and tired. He cannot understand it. He stops and thinks a little. Paul is a smart guy. He thinks for a minute and then finds the answer! He stands up.

"May I have a break for ten minutes?" Paul asks the teacher.

"Of course, you may," the teacher answers. Paul goes outside. He finds a pharmacy near the college. He comes in and buys some pills of aspirin. In ten minutes he comes back to the classroom. The students sit and work. Paul sits down.

"May I finish the test?" Paul says to the teacher in five minutes.

clasă. Studenții stau și muncesc. Paul se așază. "Pot termina examenul?" îl întreabă Paul pe profesor după cinci minute.

Profesorul vine la banca lui Paul. El vede cristale mari și albe de aspirină. Profesorul este uimit. Stă și se uită câtăva vreme la aspirină.

"Minunat! Aspirina ta este bună! Dar nu pot să înțeleg! Deseori încerc să obțin aspirină, dar tot ce obțin este ceva gri și urât mirositor," spune profesorul. "Ai trecut examenul."

După examen, Paul pleacă. Profesorul vede ceva alb pe banca lui Paul. Merge spre bancă și găsește prospectul de la pastilele de aspirină.

"Isteț băiat. Bine, Paul. Acum ai o problemă," spune profesorul.

The teacher comes to Paul's desk. He sees big white crystals of aspirin. The teacher stops in surprise. He stands and looks at aspirin for a minute.

"It is wonderful! Your aspirin is so nice! But I cannot understand it! I often try to get aspirin and I get only something grey and stinking," the teacher says. "You passed the test," he says.

Paul goes away after the test. The teacher sees something white at Paul's desk. He comes to the desk and finds the paper from the aspirin pills.

"Smart guy. Ok, Paul. Now you have a problem," the teacher says.

15

Nancy și cangurul
Nancy and the kangaroo

A

Cuvinte

1. a bate - hit, beat
2. a cădea - to fall
3. a deranja - bother
4. a plânge, a urla - cry
5. a planifica - to plan
6. a studia - study
7. a trage - pull
8. al lui - its *(for neuter)*
9. an - year
10. apă - water
11. bibliotecă - bookcase
12. bine - okay, well
13. când - when
14. cangur - kangaroo
15. Care masă? - What table?
16. căzătură - fall
17. ce - what
18. Ce-i asta? - What is this?
19. coadă - tail
20. fericit - happy
21. găleată - pail
22. grădină zoologică - zoo
23. Hei! - Hey!
24. împreună - together
25. în liniște, încet - quietly
26. înghețată - ice - cream
27. jucărie - toy
28. larg - wide, widely
29. lasă- ne - let us
30. leu - lion
31. maimuță - monkey
32. nouă - us
33. O! - Oh!
34. păpușă - doll
35. păr - hair
36. pe mine - me
37. plan - plan
38. plin - full
39. puternic - strong, strongly
40. sărac - poor
41. tigru - tiger
42. ud - wet
43. ureche - ear
44. zebră - zebra

B

Nancy şi cangurul

Robert este student acum. El studiază la facultate. El studiază engleza. Robert locuieşte în căminul studenţesc. El este vecin cu Paul. Robert este în camera lui acum. El ia telefonul şi-şi sună prietenul, pe David.

David răspunde la telefon şi spune: "Bună."

"Bună, David. Aici Robert. Ce faci?" spune Robert.

"Bună, Robert. Bine. Mulţumesc. Tu ce faci?" răspunde David.

"Şi eu fac bine. Mulţumesc. Voi merge într-o excursie. Care sunt planurile tale de astăzi?" spune Robert.

"Sora mea, Nancy, vrea să meargă cu mine la zoo. Voi merge acum cu ea acolo. Hai să mergem împreună," spune David.

"Bine. Vin şi eu. Unde ne întâlnim?" întreabă Robert.

"Hai să ne întâlnim la staţia de autobuz Olympic. Şi întreabă-l şi pe Paul dacă vrea să vină." spune David.

"Bine, pa," răspunde Robert.

"Pe curând," spune David.

Apoi Robert merge în camera lui Paul. Paul este în camera lui.

"Bună," spune Robert

"O, bună, Robert. Intră," spune Paul. Robert intră în cameră.

"David, sora lui, şi cu mine mergem la zoo. Vrei să vii cu noi?" întreabă Robert.

"Desigur că vin şi eu!" spune Paul.

Robert şi Paul merg la staţia de autobuz Olympic. Acolo îi văd pe David şi pe sora lui.

Sora lui David are doar cinci ani. Ea este o fată mică şi plină de energie. Ei îi plac animalele foarte mult. Dar Nancy crede că animalele sunt jucării. Animalele fug de ea, deoarece ea le deranjează foarte mult. Ea le trage de coadă sau de ureche, le loveşte cu mâna sau cu o jucărie. Nancy are acasă un câine şi o pisică. Când Nancy este acasă,

Nancy and the kangaroo

Robert is a student now. He studies at a college. He studies English. Robert lives at the dorms. He lives next door to Paul's. Robert is in his room now. He takes the telephone and calls his friend David.

"Hello," David answers the call.

"Hello David. It is Robert here. How are you?" Robert says.

"Hello Robert. I am fine. Thanks. And how are you?" David answers.

"I am fine too. Thanks. I will go for a walk. What are your plans for today?" Robert says.

"My sister Nancy asks me to take her to the zoo. I will take her there now. Let us go together," David says.

"Okay. I will go with you. Where will we meet?" Robert asks.

"Let us meet at the bus stop Olympic. And ask Paul to come with us too," David says.

"Okay. Bye," Robert answers.

"See you. Bye," David says.

Then Robert goes to Paul's room. Paul is in his room.

"Hello," Robert says.

"Oh, hello Robert. Come in, please," Paul says. Robert comes in.

"David, his sister and I will go to the zoo. Will you go together with us?" Robert asks.

"Of course, I will go too!" Paul says.

Robert and Paul drive to the bus stop Olympic. They see David and his sister Nancy there.

David's sister is only five years old. She is a little girl and she is full of energy. She likes animals very much. But Nancy thinks that animals are toys. The animals run away from her because she bothers them very much. She can pull tail or ear, hit with a hand or with a toy. Nancy has a dog and a cat at home. When Nancy is at home the dog is under a bed and the cat sits on the bookcase. So she cannot get them.

Nancy, David, Robert and Paul come into the zoo.

câinele stă sub pat, iar pisica pe bibliotecă. Astfel, Nancy nu le poate ajunge.

Nancy, David, Robert și Paul intră la zoo.

Sunt multe animale la zoo. Nancy este fericită. Ea aleargă către lei și tigri. Ea lovește zebra cu păpușa ei. Ea trage cu atâta putere de coada unei maimuțe, încât toate maimuțele fug urlând. Apoi Nancy vede un cangur. Cangurul bea apă dintr-o găleată. Nancy zâmbește și se apropie încet de cangur. Iar apoi…

"Hei! Cangure-eee!!" zbiară Nancy și-l trage de coadă. Cangurul se uită la Nancy cu ochii larg deschiși. Speriat, el sare în așa fel, încât găleata cu apă zboară și cade pe Nancy. Apa îi curge pe păr, pe față și pe rochie. Nancy este toată udă.

"Ești un cangur rău! Rău!" strigă ea.

Unii oameni zâmbesc, iar alți oameni spun: "Biata fată." David o duce pe Nancy acasă.

"Nu e voie să deranjezi animalele," spune David și îi dă o înghețată. Nancy mănâncă înghețata.

"Bine, nu mă voi mai juca cu animale foarte mari și furioase," se gândește Nancy. "Mă voi juca doar cu animale mici." Ea este fericită din nou.

There are many animals in the zoo. Nancy is very happy. She runs to the lion and to the tiger. She hits the zebra with her doll. She pulls the tail of a monkey so strong that all the monkeys run away crying. Then Nancy sees a kangaroo. The kangaroo drinks water from a pail. Nancy smiles and comes to the kangaroo very quietly. And then…

"Hey!! Kangaroo-oo-oo!!" Nancy cries and pulls its tail. The kangaroo looks at Nancy with wide open eyes. It jumps in surprise so that the pail with water flies up and falls on Nancy. Water runs down her hair, her face and her dress. Nancy is all wet.

"You are a bad kangaroo! Bad!" she cries. Some people smile and some people say: "Poor girl." David takes Nancy home.

"You must not bother the animals," David says and gives an ice-cream to her. Nancy eats the ice-cream.

"Okay. I will not play with very big and angry animals," Nancy thinks, "I will play with little animals only." She is happy again.

16

Paraşutiştii
Parachutists

A

Cuvinte

1. a ateriza - land
2. a cădea - falling
3. a coborî - get off
4. a crede - believe
5. a face - do
6. a fi - be
7. a împinge, a trage - push
8. a închide - close
9. a pregăti - prepare
10. a prinde - catch
11. a salva - save
12. a se antrena - train; antrenat - trained
13. a se îmbrăca - put on
14. acoperiş - roof
15. aer - air
16. altul - other
17. apropo - by the way
18. avion - airplane
19. cascadorie de salvare a vieţii - life-saving trick
20. cauciuc - rubber
21. căzut, prăbuşit - fallen

22. club - club
23. dacă - if
24. doar - just
25. după - after
26. echipă - team
27. furios - angrily
28. galben - yellow
29. geacă - jacket
30. grozav - great
31. îmbrăcăminte - clothes
32. îmbrăcat - dressed
33. înăuntru - inside
34. loc - seat; stai jos - take a seat
35. membru - member
36. metal - metal
37. nouă - nine
38. pantaloni - trousers
39. paraşută - parachute
40. paraşutist - parachutist
41. parte - part
42. peste - over
43. pilot - pilot

44. propriu - own
45. public - audience
46. real - real
47. roşu - red
48. silenţios - silent, silently
49. spectacol aerian - airshow

50. tată - daddy
51. truc - trick
52. umplut - stuffed; paraşutist umplut (cu paie) - stuffed parachutist
53. viaţă - life

B

Paraşutiştii

Este dimineaţă. Robert vine în camera lui Paul. Paul stă la masă şi scrie ceva. Pisica lui Paul, Favorite, stă pe patul lui Paul. Doarme liniştită.
"Pot intra?" întreabă Robert.
"O, Robert. Intră. Ce faci?" răspunde Paul.
"Bine. Mulţumesc. Tu ce faci?" spune Robert.
"Mulţumesc. Şi eu la fel. Stai jos," răspunde Paul.
Robert se aşază pe un scaun.
"Ştii că sunt membru într-un club de paraşutişti. Astăzi avem un spectacol aerian," spune Robert. "Voi face câteva salturi."
"Este foarte interesant," răspunde Paul. "Poate că vin să văd spectacolul aerian."
"Dacă vrei, te pot lua cu mine şi poţi zbura cu un avion," spune Robert.
"Serios? Ar fi minunat!" spune Paul. "La ce oră este spectacolul aerian?"
"Începe la ora 10 dimineaţa," răspunde Robert. "Vine şi David. Apropo, avem nevoie de ajutor pentru a arunca din avion un paraşutist umplut cu paie. Poţi să ajuţi?"
"Un paraşutist umplut? De ce?" întreabă Paul surprins.
"Ştii, face parte din spectacol," spune Robert. "Aceasta este o cascadorie de salvare a vieţii. Paraşutistul fals cade. În acel moment, un paraşutist real zboară către el, îl prinde şi îşi deschide propria paraşută. 'Omul' este salvat!"
"Grozav!" răspunde Paul. "Vă ajut. Să mergem!"
Paul şi Robert merg afară. Ajung la staţia de autobuz Olympic şi iau un autobuz. Durează doar zece minute să ajungă la spectacolul aerian.

Parachutists

It is morning. Robert comes to Paul's room. Paul is sitting at the table and writing something. Paul's cat Favorite is on Paul's bed. It is sleeping quietly.
"May I come in?" Robert asks.
"Oh, Robert. Come in please. How are you?" Paul answers.
"Fine. Thanks. How are you?" Robert says.
"I am fine. Thanks. Sit down, please," Paul answers.
Robert sits on a chair.
"You know I am a member of a parachute club. We are having an airshow today," Robert says. "I am going to make some jumps there."
"It is very interesting," Paul answers, "I may come to see the airshow."
"If you want I can take you there and you can fly in an airplane," Robert says.
"Really? That will be great!" Paul cries. "What time is the airshow?"
"It begins at ten o'clock in the morning," Robert answers, "David will come too. By the way we need help to push a stuffed parachutist out of the airplane. Will you help?"
"A stuffed parachutist? Why?" Paul says in surprise.
"You see, it is a part of the show," Robert says. "This is a life-saving trick. The stuffed parachutist falls down. At this time a real parachutist flies to it, catches it and opens his own parachute. The 'man' is saved!"
"Great!" Paul answers. "I will help. Let's go!"
Paul and Robert go outside. They come to the bus stop Olympic and take a bus. It takes only ten minutes to go to the airshow. When they get off the bus, they see David.

54

Când coboară din autobuz, îl văd pe David.
"Salut, David," spune Robert. "Sa mergem la avion."
Ei văd o echipă de parașutiști la avion. Șeful echipei este îmbrăcat în pantaloni roșii și o geacă roșie.
"Bună, Martin," spune Robert. "Paul și David ne ajută la cascadoria de salvare a vieții."
"Bine. Parașutistul fals este aici," spune Martin. El le dă parașutistul fals. Parașutistul fals este îmbrăcat în pantaloni roșii și geacă roșie.
"Este îmbrăcat ca și tine," spune David, zâmbindu-i lui Martin.
"Nu avem timp să vorbim despre asta," spune Martin. "Luați-l cu voi în acest avion."
Paul și David duc parașutistul fals în avion. Ei se pun lângă pilot. Toată echipa de parașutiști, în afara șefului, se urcă în avion. Ei închid ușa. În cinci minute, avionul este în aer. Când zboară deasupra orașului San Francisco, David își vede propria casă.
"Uite! Casa mea este acolo!" strigă David.
Paul se uită pe fereastră la străzi, piețe și parcuri. Este minunat să zbori cu avionul.
"Pregătiți-vă să săriți!" strigă pilotul. Parașutiștii se ridică. Ei deschid ușa.
"Zece, nouă, opt, șapte, șase, cinci, patru, trei, doi, unu. Haideți!" strigă pilotul.
Parașutiștii încep să sară din avion. Publicul aflat la sol vede parașute roșii, verzi, albe, albastre și galbene. Arată foarte frumos. Și Martin, șeful echipei, se uită în sus. Parașutiștii zboară în jos și unii deja aterizează.
"OK. Bună treabă, băieți," spune Martin și merge la o cafenea din apropiere pentru a bea niște cafea.
Spectacolul aerian continuă.
"Pregătiți-vă pentru cascadoria de salvare a vieții!" strigă pilotul.
David și Paul duc parașutistul fals la ușă.
"Zece, nouă, opt, șapte, șase, cinci, patru, trei, doi, unu. Haideți!" strigă pilotul.
Paul și David împing afară pe ușă parașutisul umplut cu paie. Acesta cade în afară, dar apoi rămâne atârnat. Mâna de cauciuc s-a prins de o

"Hello David," Robert says. "Let's go to the airplane."
They see a parachute team at the airplane. They come to the head of the team. The head of the team is dressed in red trousers and a red jacket.
"Hello Martin," Robert says. "Paul and David will help with the life-saving trick."
"Okay. The stuffed parachutist is here," Martin says. He gives them the stuffed parachutist. The stuffed parachutist is dressed in red trousers and a red jacket.
"It is dressed like you," David says smiling to Martin.
"We have no time to talk about it," Martin says. "Take it into this airplane."
Paul and David take the stuffed parachutist into the airplane. They take seats at the pilot. All the parachute team but its head gets into the airplane. They close the door. In five minutes the airplane is in the air. When it flies over San Francisco David sees his own house.
"Look! My house is there!" David cries.
Paul looks through the window at streets, squares, and parks of the city. It is wonderful to fly in an airplane.
"Prepare to jump!" the pilot cries. The parachutists stand up. They open the door.
"Ten, nine, eight, seven, six, five, four, three, two, one. Go!" the pilot cries.
The parachutists begin to jump out of the airplane. The audience down on the land sees red, green, white, blue, yellow parachutes. It looks very nice. Martin, the head of the parachute team is looking up too. The parachutists are flying down and some are landing already.
"Okay. Good work guys," Martin says and goes to the nearby café to drink some coffee.
The airshow goes on.
"Prepare for the life-saving trick!" the pilot cries.
David and Paul take the stuffed parachutist to the door.
"Ten, nine, eight, seven, six, five, four, three, two, one. Go!" the pilot cries.
Paul and David push the stuffed parachutist through the door. It goes out but then stops. Its rubber "hand" catches on some metal part of the airplane.

parte metalică a avionului.

"Haideți, băieți!" strigă pilotul.

Băieții trag cu toată puterea de parașutistul fals, dar nu îl pot scoate.

Publicul de la sol vede un om în roșu la ușa avionului. Alți doi oameni încearcă să-l împingă. Oamenilor nu le vine să creadă. Durează cam un minut. Apoi parașutisul în roșu cade. Un alt parașutist sare din avion și încearcă să-l prindă. Dar nu reușește. Parașutistul în roșu cade în continuare. El cade prin acoperișul cafenelei. Publicul privește amuțit. Apoi, oamenii văd un om îmbrăcat în roșu fugind din cafenea. Omul în roșu este Martin, șeful echipei de parașutiști. Lumea însă crede că el este parașutistul care a căzut. Se uită în sus și zbiară furios. "Dacă nu puteți prinde un om, atunci nu încercați!"

Publicul rămâne tăcut.

"Tată, acest om este foarte puternic," spune o fetiță către tatăl ei.

"Este bine antrenat," răspunde tatăl.

După spectacolul aerian, Paul și David merg la Robert.

"Cum ne-am descurcat?" întreabă David.

"Ăăă… Foarte bine. Mulțumesc," răspunde Robert.

"Dacă ai nevoie de ajutor, doar spune," zice Paul.

"Go-go boys!" the pilot cries.

The boys push the stuffed parachutist very strongly but cannot get it out.

The audience down on the land sees a man dressed in red in the airplane door. Two other men are trying to push him out. People cannot believe their eyes. It goes on about a minute. Then the parachutist in red falls down. Another parachutist jumps out of the airplane and tries to catch it. But he cannot do it. The parachutist in red falls down. It falls through the roof inside of the café. The audience looks silently. Then the people see a man dressed in red run outside of the café. This man in red is Martin, the head of the parachutist team. But the audience thinks that he is that falling parachutist. He looks up and cries angrily. "If you cannot catch a man then do not try it!"

The audience is silent.

"Daddy, this man is very strong," a little girl says to her dad.

"He is well trained," the dad answers.

After the airshow Paul and David go to Robert.

"How is our work?" David asks.

"Ah... Oh, it is very good. Thank you," Robert answers.

"If you need some help just say," Paul says.

17

Opreşte gazul!
Turn the gas off!

A

Cuvinte

1. a cere, a ordona - order
2. a deveni, a se face - will
3. a încălzi - warm up
4. a încremeni - freeze
5. a opri - turn off
6. a porni - turn on
7. a se extinde - spread
8. a se întoarce, a roti - turn
9. a spune - tell, say
10. a uita - forget
11. a umple - fill up
12. bilet - ticket
13. cald - warm
14. ceainic - kettle
15. cine - who
16. de aceea - so
17. domiciliat, care locuieşte - living
18. douăzeci - twenty
19. foc - fire
20. gară - railway station
21. gaz - gas
22. grădiniţă - kindergarten
23. grijului - careful
24. imediat - immediately
25. între timp - meanwhile
26. kilometru - kilometer
27. moment - moment
28. palid - pale
29. patruzeci şi patru - forty - four
30. pisicuţă - pussycat
31. rapid - quick, quickly
32. receptor - phone handset
33. robinet - tap
34. sandviş - sandwich
35. secretară - secretary
36. sentiment - feeling
37. străin - strange
38. subit - suddenly
39. sunet - ring; a suna - to ring
40. totul - everything
41. tren - train
42. unsprezece - eleven
43. viclean - sly, slyly
44. voce - voice

B

Opreşte gazul!

Este şapte dimineaţa. David şi Nancy dorm. Mama lor este în bucătărie. Numele mamei este Linda. Linda are patruzeci şi patru de ani. Ea este o femeie grijulie. Linda curăţă bucătăria înainte să meargă la lucru. Ea este secretară. Ea lucrează la douăzeci de kilometri de San Francisco. De obicei, Linda merge la serviciu cu trenul.

Ea merge afară. Gara este în apropiere, aşa că Linda merge până acolo pe jos. Ea cumpără un bilet şi se urcă în tren. Durează cam douăzeci de minute până la locul ei de muncă. Linda stă în tren şi se uită pe geam.

Dintr-o dată, încremeneşte. Ibricul! Este pe aragaz, iar ea a uitat să oprească gazul! David şi Nancy dorm. Focul se poate extinde spre mobilă şi atunci... Linda se face palidă. Dar este o femeie deşteaptă şi în scurt timp ştie ce e de făcut. Ea roagă o femeie şi un bărbat, care stau lângă ea, să sune acasă la ea şi să-i spună lui David despre ceainic.

Între timp, David se trezeşte, se spală şi merge în bucătărie. El ia ceainicul de pe masă, îl umple cu apă şi-l pune pe aragaz. Apoi ia pâine şi unt şi face sandvişuri. Nancy vine în bucătărie.

"Unde este pisicuţa mea?" întrebă ea.

"Nu ştiu," răspunde David. "Du-te la baie şi spală-te pe faţă. Bem ceai şi mâncăm sandvişuri acum. Apoi te duc la grădiniţă."

Nancy nu vrea să se spele. "Nu pot să deschid robinetul," spune ea viclean.

"Te ajut," spune fratele ei. În acest moment sună telefonul. Nancy aleargă repede la telefon şi ia receptorul.

"Alo. Aici este grădina zoologică. Şi acolo cine e?" spune ea. David îi ia receptorul şi spune. "Alo. Aici este David."

"Tu esti David Tweeter, care locuieşte pe strada Queen la numărul unsprezece?" întrebă vocea unei femei străine.

"Da," răspunde David.

Turn the gas off!

It is seven o'clock in the morning. David and Nancy are sleeping. Their mother is in the kitchen. The mother's name is Linda. Linda is forty-four years old. She is a careful woman. Linda cleans the kitchen before she goes to work. She is a secretary. She works twenty kilometers away from San Francisco. Linda usually goes to work by train.

She goes outside. The railway station is nearby, so Linda goes there on foot. She buys a ticket and gets on a train. It takes about twenty minutes to go to work. Linda sits in the train and looks out of the window.

Suddenly she freezes. The kettle! It is standing on the cooker and she forgot to turn the gas off! David and Nancy are sleeping. The fire can spread on the furniture and then... Linda turns pale. But she is a smart woman and in a minute she knows what to do. She asks a woman and a man, who sit nearby, to telephone her home and tell David about the kettle.

Meanwhile David gets up, washes and goes to the kitchen. He takes the kettle off the table, fills it up with water and puts it on the cooker. Then he takes bread and butter and makes sandwiches. Nancy comes into the kitchen.

"Where is my little pussycat?" she asks.

"I do not know," David answers. "Go to the bathroom and wash your face. We will drink some tea and eat some sandwiches now. Then I will take you to the kindergarten."

Nancy does not want to wash. "I cannot turn on the water tap," she says slyly.

"I will help you," her brother says. At this moment the telephone rings. Nancy runs quickly to the telephone and takes the handset.

"Hello, this is the zoo. And who are you?" she says. David takes the handset from her and says. "Hello. This is David."

"Are you David Tweeter living at eleven Queen street?" the voice of a strange woman asks.

"Du-te imediat în bucătărie şi opreşte gazul!" strigă vocea femeii.

"Cine sunteţi? De ce trebuie să opresc gazul?" întreabă David surprins.

"Fă-o acum!" îi ordonă vocea.

David opreşte gazul. Nancy şi David se uită la ceainic surprinşi.

"Nu înţeleg," spune David. "De unde ştie femeia asta că vrem să bem ceai?"

"Mi-e foame," spune sora lui. "Când mâncăm?"

"Şi mie mi-e foame," spune David şi porneşte din nou gazul. În acel moment sună telefonul din nou.

"Alo," spune David.

"Tu eşti David Tweeter care locuieşte pe strada Queen la numărul unsprezece?" întreabă vocea unui om străin.

"Da" răspunde David.

"Opreşte gazul imediat! Ai grijă!" îi ordonă vocea.

"Bine," spune David şi opreşte din nou gazul.

"Să mergem la grădiniţă," îi spune David lui Nancy, simţind că nu vor bea ceai astăzi.

"Nu. Vreau ceai şi pâine cu unt," spune Nancy furioasă.

"Bine. Hai să încercăm să încălzim din nou ceainicul," spune fratele ei şi porneşte gazul. Telefonul sună, iar de data aceasta mama lor le ordonă să oprească gazul. Apoi le explică totul. Într-un final, Nancy şi David beau ceai şi merg la grădiniţă.

"Yes," David answers.

"Go to the kitchen immediately and turn the gas off!" the woman's voice cries.

"Who are you? Why must I turn the gas off?" David says in surprise.

"Do it now!" the voice orders.

David turns the gas off. Nancy and David look at the kettle in surprise.

"I do not understand," David says. "How can this woman know that we will drink tea?"

"I am hungry," his sister says. "When will we eat?"

"I am hungry too," David says and turns the gas on again. At this minute the telephone rings again.

"Hello," David says.

"Are you David Tweeter who lives at eleven Queen street?" the voice of a strange man asks.

"Yes," David answers.

"Turn off the cooker gas immediately! Be careful!" the voice orders.

"Okay," David says and turns the gas off again.

"Let's go to the kindergarten," David says to Nancy feeling that they will not drink tea today.

"No. I want some tea and bread with butter," Nancy says angrily.

"Well, let's try to warm up the kettle again," her brother says and turns the gas on.

The telephone rings and this time their mother orders to turn the gas off. Then she explains everything. At last Nancy and David drink tea and go to the kindergarten.

18

O agenție pentru ocuparea forței de muncă
A job agency

A

Cuvinte

1. a asculta cu atenție - listen carefully
2. a duce la ceva - running
3. a fi de acord - agree
4. a fost - was
5. a lăsa - let
6. a oferi consultanță, a sfătui - consult
7. a recomanda - recommend
8. a se cunoaște reciproc - know each other
9. a tremura - shake
10. același - the same
11. ajutor, asistent - helper
12. a-și face griji - worry
13. braț - arm
14. cablu - cable
15. cărunt - grey-headed
16. cincisprezece - fifteen
17. confuz - confused
18. consultant - consultant
19. cu grijă - carefully
20. curent - current
21. desigur - sure
22. editură - publishing
23. electric - electric
24. experiență - experience
25. în același timp - at the same time
26. individual - individually
27. jumătate - half
28. lucru manual - manual work
29. mortal - deadly
30. muncă mentală - mental work
31. Nu-ți face griji! - Do not worry!
32. număr - number
33. oraș - town
34. pe oră - per hour
35. podea - floor
36. poveste - story
37. poziție - position
38. precum - as
39. puternic - strong, strongly
40. șaizeci - sixty
41. saltea - mattress
42. serios - seriously
43. și - also
44. toate - all

B

O agenţie pentru ocuparea forţei de muncă

Într-o zi, Paul merge în camera lui Robert şi îl vede pe prietenul lui tremurând întins pe pat. Paul vede nişte cabluri electrice, care duc de la Robert spre ceainicul electric. Paul crede că Robert se află expus unui şoc electric mortal. El merge repede la pat, ia salteaua şi trage de ea cu putere. Robert cade pe podea. Apoi se ridică şi se uită surprins la Paul.

"Ce-a fost asta?" întreabă Robert.

"Erai sub curent electric," spune Paul.

"Nu, ascultam muzică," spune Robert şi arată înspre CD-player-ul său.

"Oh, îmi cer scuze," spune Paul. El este confuz.

"E în regulă. Nu-ţi face griji," răspunde Robert liniştit, curăţându-şi pantalonii.

"David şi cu mine mergem la o agenţie pentru ocuparea forţei de muncă. Vrei să vii cu noi?" întreabă Paul.

"Desigur, hai să mergem împreună," spune Robert. Ei merg afară şi iau autobuzul numărul şapte. Le trebuie cam cincisprezece minute până la agenţia pentru ocuparea forţei de muncă. David este deja acolo. Ei intră în clădire. În faţa biroului agenţiei pentru ocuparea forţei de muncă este o coadă lungă. Ei stau la coadă. După o jumătate de oră, ei intră în birou. În cameră se află un scaun şi nişte rafturi cu cărţi. La birou stă un bărbat cărunt. El are cam şaizeci de ani.

"Intraţi, băieţi!" spune el prietenos. "Luaţi loc, vă rog."

David, Robert şi Paul se aşază.

"Numele meu este George Estimator. Sunt consultant pentru locuri de muncă. De obicei, vorbesc cu vizitatorii individual, dar din moment ce sunteţi cu toţii studenţi şi vă cunoaşteţi, vă pot oferi consultanţă împreună. Sunteţi de acord?"

"Da," spune David. "Avem trei, patru ore timp liber în fiecare zi. Avem nevoie de un job în acest timp."

"Bine. Am nişte locuri de muncă pentru studenţi. Iar

A job agency

One day Paul goes to Robert's room and sees that his friend is lying on the bed shaking. Paul sees some electrical cables running from Robert to the electric kettle. Paul believes that Robert is under a deadly electric current. He quickly goes to the bed, takes the mattress and pulls it strongly. Robert falls to the floor. Then he stands up and looks at Paul in surprise.

"What was it?" Robert asks.

"You were on electrical current," Paul says.

"No, I was listening to the music," Robert says and shows his CD player.

"Oh, I am sorry," Paul says. He is confused.

"It's okay. Do not worry," Robert answers quietly cleaning his trousers.

"David and I go to a job agency. Do you want to go with us?" Paul asks.

"Sure. Let's go together," Robert says. They go outside and take the bus number seven. It takes them about fifteen minutes to go to the job agency. David is already there. They come into the building. There is a long queue to the office of the job agency. They stand in the queue. In half an hour they come into the office. There is a table and some bookcases in the room. A gray-headed man is sitting at the table. He is about sixty years old.

"Come in guys!" he says friendly. "Take seats, please."

David, Robert and Paul sit down.

"My name is George Estimator. I am a job consultant. Usually I speak with visitors individually. But as you are all students and know each other I can consult you all together. Do you agree?"

"Yes, sir," David says. "We have three or four hours of free time every day. We need to find jobs for that time, sir."

"Well. I have some jobs for students. And you take off your player," Mr. Estimator says to Robert.

"I can listen to you and to music at the same

tu, oprește CD-player-ul," îi spune domnul Estimator lui Robert.

"Vă pot asculta și pe dumneavoastră și muzica în același timp," spune Robert.

"Dacă într-adevăr vrei un loc de muncă, oprește muzica și ascultă-mă cu atenție," spune domnul Estimator. "Deci, ce fel de loc de muncă vreți? Vreți muncă intelectuală sau muncă fizică?"

"Pot face orice fel de muncă," spune Paul. "Sunt puternic. Vreți să vedeți?" întreabă el și-și proptește brațul de masa domnului Estimator.

"Aici nu este club sportiv, dar dacă vrei..." spune domnul Estimator. Îsi proptește brațul de masă și doboară rapid brațul lui Paul. "După cum vezi, nu trebuie să fii doar puternic, ci și viclean."

"Pot face și muncă intelectuală," spune Paul. El vrea neapărat un loc de muncă. "Pot scrie povești. Am niște povești despre orașul meu natal."

"Foarte interesant," spune domnul Estimator. El ia o coală de hârtie. "Editura 'All-round' are nevoie de un asistent tânăr pentru o poziție de scriitor. Plătesc nouă dolari pe oră."

"Super!" spune Paul. "Pot încerca?"

"Desigur. Aici sunt numărul lor de telefon și adresa," spune domnul Estimator și-i dă lui Paul o foaie de hârtie.

"Iar voi, băieți, puteți alege între un loc de muncă la o fermă, la o firmă IT, la un ziar sau într-un supermarket. Fiindcă nu aveți experiență, vă recomand să începeți cu munca la fermă. Au nevoie de doi lucrători," le spune domnul Estimator lui David si Robert.

"Cât plătesc?" întreabă David.

"Să vedem..." Domnul Estimator se uită în calculator. "Au nevoie de lucrători pentru trei sau patru ore pe zi și plătesc șapte dolari pe oră. Sâmbăta și duminca sunt zile libere. Sunteți de acord?" întreabă el.

"Da, eu sunt," spune David.

"Și eu," spune Robert.

"Bine. Luați numărul de telefon și adresa fermei," spune domnul Estimator și le dă o foaie de hârtie.

"Mulțumim, domnule Estimator," spun băieții și merg afară.

time," Robert says.

"If you seriously want to get a job take the player off and listen carefully to what I say," Mr. Estimator says. "Now guys say what kind of job do you need? Do you need mental or manual work?"

"I can do any work," Paul says. "I am strong. Want to arm?" he says and puts his arm on Mr. Estimator's table.

"It is not a sport club here but if you want..." Mr. Estimator says. He puts his arm on the table and quickly pushes down Paul's arm. "As you see son, you must be not only strong but also smart."

"I can work mentally too, sir," Paul says again. He wants to get a job very much. "I can write stories. I have some stories about my native town."

"This is very interesting," Mr. Estimator says. He takes a sheet of paper. "The publishing house 'All-round' needs a young helper for a writing position. They pay nine dollar per hour."

"Cool!" Paul says. "Can I try?"

"Sure. Here are their telephone number and their address," Mr. Estimator says and gives a sheet of paper to Paul.

"And you guys can choose a job on a farm, in a computer firm, on a newspaper or in a supermarket. As you do not have any experience I recommend you to begin to work in a farm. They need two workers," Mr. Estimator says to David and Robert.

"How much do they pay?" David asks.

"Let me see..." Mr. Estimator looks into the computer. "They need workers for three or four hours a day and they pay seven dollars per hour. Saturdays and Sundays are days off. Do you agree?" he asks.

"I agree," David says.

"I agree too," Robert says.

"Well. Take the telephone number and the address of the farm," Mr. Estimator says and gives a sheet of paper to them.

"Thank you, sir," the boys say and go outside.

19

David și Robert spală camionul (partea 1)
David and Robert wash the truck (part 1)

A

Cuvinte

1. a ajunge - arrive
2. a aștepta - wait
3. a descărca - unload
4. a face curat - clean
5. a folosi - use
6. a frâna - to brake
7. a încărca - load
8. a începe - start
9. a legăna - pitch
10. a păși - step
11. a pluti - float
12. a spăla - wash
13. a verifica - check
14. al doilea - second
15. al nouălea - ninth
16. al optulea - eighth
17. al patrulea - fourth
18. al șaptelea - seventh
19. al șaselea - sixth
20. al treilea - third
21. al zecelea - tenth
22. angajator - employer
23. câmp - field
24. carnet de conducere - driving license
25. curte - yard
26. cutie - box
27. de-a lungul - along
28. departe - far
29. destul de - quite
30. frână - brake
31. în fața - front
32. încet - slowly
33. la început - at first
34. mai aproape - closer
35. mai departe - further
36. mai mare - bigger -
37. mare - sea
38. mașină - machine
39. metru - meter
40. motor - engine
41. mult - lot
42. (pe) aproape - close

43. potrivit - suitable
44. proprietar - owner
45. putere - strength
46. roată - wheel
47. roţile din faţă - front wheels

48. sămânţă - seed
49. stradă - road
50. ţărm - seashore
51. val - wave
52. vapor - ship

 B

David şi Robert spală camionul (partea 1)

David şi Robert lucrează la o fermă acum. Ei lucrează trei-patru ore pe zi. Munca este destul de grea. Ei trebuie să lucreze mult în fiecare zi. Ei curăţă curtea fermei la fiecare două zile. Ei spală maşinile în fiecare a treia zi. În fiecare a patra zi, ei lucrează pe câmpuri.
Numele angajatorului lor este Daniel Tough. Domnul Togh este proprietarul fermei şi face cea mai mare parte din treabă. Domnul Tough lucrează intens. El le dă mult de lucru şi lui David şi Robert.
"Hei, băieţi, terminaţi de curăţat maşinile, iar apoi mergeţi cu camionul la firma de transport 'Rapid'," spune domnul Tough. "Au o încărcătură pentru mine. Încărcaţi cutiile cu seminţe în camion, aduceţi-le la fermă şi descărcaţi-le în curte. Grăbiţi-vă, pentru că îmi trebuie seminţele astăzi. Şi nu uitaţi să spălaţi camionul."
"Bine," spune David. Ei termină de curăţat maşina şi se urcă în camion. David are carnet de conducere, aşa că el conduce. Porneşte motorul şi conduce, la început încet, prin curtea fermei, apoi repede, de-a lungul străzii. Firma de transport Rapid nu este departe de fermă. Ei ajung acolo în cincisprezece minute. Acolo, ei caută uşa de încărcare numărul zece.
David conduce cu grijă camionul prin curte. Ei trec de prima uşă de încărcare, de a doua, de a treia, de a patra, de a cincea, de a şasea, de a şaptea, de a opta, şi apoi de a noua. David conduce către a zecea uşă şi se opreşte.
"Trebuie să verificăm mai întâi lista de încărcare,"

David and Robert wash the truck (part 1)

David and Robert are working on a farm now. They work three or four hours every day. The work is quite hard. They must do a lot of work every day. They clean the farm yard every second day. They wash the farm machines every third day. Every fourth day they work in the farm fields.
Their employer's name is Daniel Tough. Mr. Tough is the owner of the farm and he does most of the work. Mr. Tough works very hard. He also gives a lot of work to David and Robert.
"Hey boys, finish cleaning the machines, take the truck and go to the transport firm 'Rapid'," Mr. Tough says. "They have a load for me. Load boxes with the seed in the truck, bring them to the farm, and unload in the farm yard. Do it quickly because I need to use the seed today. And do not forget to wash the truck."
"Okay," David says. They finish cleaning and get into the truck. David has a driving license so he drives the truck. He starts the engine and drives at first slowly through the farm yard, then quickly along the road. The transport firm Rapid is not far from the farm. They arrive there in fifteen minutes. They look for the loading door number ten there.
David drives the truck carefully through the loading yard. They go past the first loading door, past the second loading door, past the third, past the fourth, past the fifth, past the sixth, past the seventh, past the eighth, then past the ninth loading door. David drives to the tenth loading door and stops.
"We must check the loading list first," Robert says who already has some experience with

spune Robert, care deja are ceva experiență cu listele de încărcare la această firmă. El se duce la încărcătorul care lucrează la ușă și îi dă lista de încărcare. Acesta încarcă repede cinci cutii în camionul lor. Robert verifică cutiile cu grijă. Toate cutiile au numerele de pe lista de încărcare.

"Numerele corespund. Putem pleca acum," spune Robert.

"OK," spune David și pornește motorul. "Cred că putem spăla camionul acum. Este un loc potrivit nu departe de aici."

În cinci minute ajung la țărm.

"Vrei să speli camionul aici?" întreabă Robert surprins.

"Da! Este un loc drăguț, nu-i așa?" spune David.

"Și de unde facem rost de o găleată," întreabă Robert.

"Nu avem nevoie de găleată. Merg foarte aproape de mare. Luăm apă din mare." spune David și conduce foarte aproape de apă. Roțile din față intră în apă și valurile le spală.

"Hai să ieșim și să începem să spălăm," spune Robert.

"Așteaptă puțin. Merg puțin mai aproape," spune David și conduce unu sau doi metri mai departe. "E mai bine acum."

Deodată vine un val mai mare, iar apa ridică camionul puțin și-l poartă încet mai departe în larg.

"Oprește-te! David, oprește camionul!" strigă Robert. "Suntem deja în apă! Te rog, oprește!"

"Nu se oprește!!" strigă David, apăsând frâna cu toată puterea. "Nu-l pot opri!!"

Camionul plutește încet mai departe în mare, legănându-se pe valuri ca un mic vapor.

(va continua)

loading lists at this transport firm. He goes to the loader who works at the door and gives him the loading list. The loader loads quickly five boxes into their truck. Robert checks the boxes carefully. All numbers on the boxes have numbers from the loading list.

"Numbers are correct. We can go now," Robert says.

"Okay," David says and starts the engine. "I think we can wash the truck now. There is a suitable place not far from here."

In five minutes they arrive to the seashore.

"Do you want to wash the truck here?" Robert asks in surprise.

"Yeah! It is a nice place, isn't it?" David says.

"And where will we take a pail?" Robert asks.

"We do not need any pail. I will drive very close to the sea. We will take the water from the sea," David says and drives very close to the water. The front wheels go in the water and the waves run over them.

"Let's get out and begin washing," Robert says.

"Wait a minute. I will drive a bit closer," David says and drives one or two meters further. "It is better now."

Then a bigger wave comes and the water lifts the truck a little and carries it slowly further into the sea.

"Stop! David, stop the truck!" Robert cries. "We are in the water already! Please, stop!"

"It will not stop!!" David cries stepping on the brake with all his strength. "I cannot stop it!!"

The truck is slowly floating further in the sea pitching on the waves like a little ship.

(to be continued)

20

David și Robert spală camionul (partea 2)
David and Robert wash the truck (part 2)

A

Cuvinte

1. a concedia - fire
2. a dirija, a mâna (vehicule) - steer
3. a elibera - set free
4. a fotografia - photograph; fotograf - photographer
5. a hrăni - feed
6. a informa - inform
7. a înghiți - swallow
8. a înota - swim
9. a pluti - floating
10. a râde - laugh
11. a reabilita - rehabilitate
12. a salva - rescue
13. a se bucura - enjoy
14. a se întâmpla - happen
15. accident - accident
16. asasin - killer
17. balenă - whale; balena ucigșă - killer whale
18. bani - money
19. ceremonie - ceremony
20. constant - constant
21. control - control
22. cu un an în urmă - a year ago
23. curățat - cleaned

24. de exemplu - for example
25. discurs - speech
26. douăzeci și cinci - twenty-five
27. drag, dragă - dear
28. dreapta - right
29. erau, au fost - were
30. exemplu - example
31. flux - flow
32. în urmă - ago
33. întâmplat - happened
34. jurnalist - journalist
35. mâine - tomorrow
36. mal - shore
37. minunat - wonderful
38. niciodată - never
39. pasăre - bird
40. reabilitare - rehabilitation
41. serviciul de salvare - rescue service
42. situație - situation
43. stânga - left
44. tanc petrolier - tanker
45. ulei - oil
46. vânt - wind
47. voia, a vrut - wanted

66

B

David şi Robert spală camionul (partea 2)

Camionul pluteşte încet pe mare, legănându-se pe valuri ca un mic vapor. David întoarce la stânga şi la dreapta, apăsând frâna şi acceleraţia. Dar el nu poate controla camionul. Un vânt puternic îl poartă de-a lungul ţărmului. David şi Robert nu ştiu ce să facă. Ei stau pur şi simplu, uitându-se afară pe geam. Apa mării începe să intre în camion.
"Hai să ieşim şi să stăm pe acoperiş," spune Robert.
Se aşază pe acoperiş.
"Mă întreb ce va spune domnul Tough," spune Robert.
Camionul pluteşte încet cam douăzeci de metri de ţărm. Nişte oameni de pe mal se opresc şi se uită surprinşi.
"Domnul Tough probabil ne va concedia," răspunde David.
Între timp, directorul facultăţii, domnul Kite, vine la birou. Secretara îi spune că astăzi va avea loc o ceremonie. Ei vor elibera două păsări ca urmare a însănătoşirii lor. Muncitorii de la centrul de reabilitare au curăţat uleiul de pe ele, după accidentul cu tancul petrolier Gran Pollución. Accidentul s-a petrecut în urmă cu o lună. Domnul Kite trebuie să ţină un discurs acolo. Ceremonia începe în douăzeci şi cinci de minute.
Domnul Kite şi secretara lui iau un taxi şi în zece minute ajung la locul ceremoniei. Cele două păsări sunt deja acolo. Acum nu sunt aşa de albe ca de obicei. Dar pot înota şi zbura din nou. Acolo sunt mulţi oameni, jurnalişti şi fotografi. După două minute, începe ceremonia. Domnul Kite îşi începe discursul.
"Dragi prieteni!" spune el. "Accidentul cu tancul petrolier Gran Pollución a avut loc aici acum o lună. Trebuie să îngrijim multe păsări şi animale acum. Costă mulţi bani. De exemplu, reabilitarea acestor două păsări costă cinci mii de dolari! Şi mă

David and Robert wash the truck (part 2)

The truck is floating slowly further in the sea pitching on the waves like a little ship. David is steering to the left and to the right stepping on the brake and gas. But he cannot control the truck. A strong wind is pushing it along the seashore. David and Robert do not know what to do. They are just sitting, looking out of the windows. The sea water begins to run inside.
"Let's go out and sit on the roof," Robert says. They sit on the roof.
"What will Mr. Tough say, I wonder?" Robert says.
The truck is floating slowly about twenty meters away from the shore. Some people on the shore stop and look at it in surprise.
"Mr. Tough may fire us," David answers. Meanwhile the head of the college Mr. Kite comes to his office. The secretary says to him that there will be a ceremony today. They will set free two sea birds after rehabilitation. Workers of the rehabilitation centre cleaned oil off them after the accident with the tanker Gran Pollución. The accident happened one month ago. Mr. Kite must make a speech there. The ceremony begins in twenty-five minutes.
Mr. Kite and his secretary take a taxi and in ten minutes arrive to the place of the ceremony. These two birds are already there. Now they are not so white as usually. But they can swim and fly again now. There are many people, journalists, photographers there now. In two minutes the ceremony begins. Mr. Kite begins his speech.
"Dear friends!" he says. "The accident with the tanker Gran Pollución happened at this place a month ago. We must rehabilitate many birds and animals now. It costs a lot of money. For example the rehabilitation of each of these birds costs 5, 000 dollars! And I am glad to inform you now that after one month of rehabilitation these two wonderful birds

bucur să vă pot informa că după o lună de îngrijire, aceste două minunate păsări vor fi eliberate.”

Doi bărbați iau cutia cu păsările, o aduc lângă apă și o deschid. Păsările ies din cutie, sar în apă și înoată. Fotografii fac poze. Jurnaliștii îi întreabă pe muncitorii centrului de reabilitare despre animale.

Dintr-odată apare o balenă ucigașă mare, înghite repede păsările și dispare din nou. Toate persoanele se uită spre locul unde fuseseră păsările mai devreme. Directorului facultății nu-i vine să creadă. Balena ucigașă se arată din nou, căutând alte păsări. Pentru că nu mai sunt alte păsări, dispare din nou. Domnul Kite trebuie să își încheie discursul.

“Ăăă...” Își caută cuvintele. “Minunatul și constantul flux al vieții nu se oprește niciodată. Animalele mai mari le mănâncă pe cele mici și așa mai departe... Ăăă... Ce e asta?” întreabă el, uitându-se spre apă. Toți se uită înspre apă și văd un camion mare plutind de-a lungul malului și legănându-se pe valuri ca o corabie. Doi băieți stau pe el, uitându-se spre locul ceremoniei.

“Bună ziua, domnule Kite,” spune Robert. “De ce hrăniți balenele ucigașe cu păsări?”

“Bună, Robert,” răspunde domnul Kite. “Ce faceți voi acolo, băieți?”

“Voiam să spălăm camionul,” spune David.

“Înțeleg,” spune domnul Kite. Unii oameni se amuză de situație. Ei încep să râdă.

“Bine. Sun acum la serviciul de salvare. Ei vă vor scoate din apă. Iar mâine vreau să vă văd la mine în birou,” spune directorul și sună la serviciul de salvare.

will be set free."

Two men take a box with the birds, bring it to the water and open it. The birds go out of the box and then jump in the water and swim. The photographers take pictures. The journalists ask workers of the rehabilitation centre about the animals.

Suddenly a big killer whale comes up, quickly swallows those two birds and goes down again.

All the people look at the place where the birds were before. The head of the college does not believe his eyes. The killer whale comes up again looking for more birds. As there are no other birds there, it goes down again. Mr. Kite must finish his speech now.

"Ah...," he chooses suitable words. "The wonderful constant flow of life never stops. Bigger animals eat smaller animals and so on... ah... what is that?" he says looking at the water. All the people look there and see a big truck floating along the shore pitching on the waves like a ship.

Two guys sit on it looking at the place of the ceremony.

"Hello Mr. Kite," Robert says. "Why are you feeding killer whales with birds?"

"Hello Robert," Mr. Kite answers. "What are you doing there boys?"

"We wanted to wash the truck," David answers.

"I see," Mr. Kite says. Some of the people begin to enjoy this situation. They begin to laugh.

"Well, I will call the rescue service now. They will get you out of the water. And I want to see you in my office tomorrow," the head of the college says and calls the rescue service.

68

21

O lecţie
A lesson

A

Cuvinte

1. a cheltui - spend
2. a fi atent la - pay attention to
3. a pierde - loose
4. a rămâne - remain
5. a se ocupa de - care
6. a turna - pour
7. aeste lucruri - this stuff
8. altul - else
9. atenţie - attention
10. care - which
11. clasă - class
12. copii - children
13. fără - without
14. fără cuvinte - without a word
15. fericire - happiness
16. gol - empty
17. important - important
18. în loc, în schimb - instead

19. încă - still
20. între - between
21. lucru - thing
22. mai puţin - less
23. medical - medical
24. mereu - always
25. mic - small
26. nisip - sand
27. părinţi - parent
28. piatră - stone
29. prieten - boyfriend
30. prietenă - girlfriend
31. sănătate - health
32. serios - really
33. televizor - television
34. ulcior - jar
35. uşor - slightly

B

O lecție

Directorul universității stă în fața clasei. Pe masa din fața lui sunt cutii și alte lucruri. Când începe lecția, el ia un ulcior mare și gol și, fără niciun cuvânt, îl umple cu pietre mari.

"Credeți că ulciorul este plin?" îi întreabă domnul Kite pe studenți.

"Da, este," sunt de acord studenții.

Atunci ia o cutie cu pietre foarte mici și le toarnă în ulcior. El scutură ușor ulciorul. Bineînțeles, pietrișul ocupă locul dintre pietrele mari.

"Dar acum, ce părere aveți? Este plin ulciorul sau nu?" întreabă domnul Kite din nou.

"Da, este plin," sunt de acord studenții din nou. Începe să le placă lecția. Ei râd.

Apoi, domnul Kite ia o cutie cu nisip și îl toarnă în ulcior. Bineînțeles, nisipul ocupă spațiul rămas.

"Acum, vreau să priviți acest ulcior ca pe viața unui om. Pietrele mari sunt lucrurile importante - familia voastră, prietena voastră sau prietenul vostru, sănătatea, copiii, părinții - lucruri care, dacă pierdeți totul și vă rămân doar ele, vă umple viața în continuare. Pietrele mici sunt alte lucruri, care au mai puțină importanță; lucruri precum casa voastră, serviciul sau mașina. Nisipul reprezintă restul - lucrurile nesemnificative. Dacă umpleți mai întâi ulciorul cu nisip, nu mai rămâne loc pentru pietrele mici sau pentru cele mari. Același lucru este valabil și în viață. Dacă vă consumați tot timpul și energia cu lucrurile nesemnificative, niciodată nu veți avea timp pentru lucrurile care vă sunt importante. Fiți atenți la lucrurile care sunt cele mai importante pentru fericirea voastră. Jucați-vă cu copiii sau părinții voștri. Faceți-vă timp pentru controale medicale. Mergeți cu prietena voastră sau prietenul vostru la o cafenea. Va rămâne mereu timp pentru a merge la servici, a face curățenie în casă sau a vă uita la televizor," spune domnul Kite. "Ocupați-vă mai întâi de pietrele mari, de lucrurile care sunt cu adevărat importante. Orice altceva este doar nisip." Se uită

A lesson

The head of the college is standing before the class. There are some boxes and other things on the table before him. When the lesson begins he takes a big empty jar and without a word fills it up with big stones.

"Do you think the jar is already full?" Mr. Kite asks students.

"Yes, it is," agree students.

Then he takes a box with very small stones and pours them into the jar. He shakes the jar slightly. The little stones, of course, fill up the room between the big stones.

"What do you think now? The jar is already full, isn't it?" Mr. Kite asks them again.

"Yes, it is. It is full now," the students agree again. They begin to enjoy this lesson. They begin to laugh.

Then Mr. Kite takes a box of sand and pours it into the jar. Of course, the sand fills up all the other room.

"Now I want that you to think about this jar like a man's life. The big stones are important things - your family, your girlfriend and boyfriend, your health, your children, your parents - things that if you loose everything and only they remain, your life still will be full. Little stones are other things which are less important. They are things like your house, your job, your car. Sand is everything else - small stuff. If you put sand in the jar at first, there will be no room for little or big stones. The same goes for life. If you spend all of your time and energy on the small stuff, you will never have room for things that are important to you. Pay attention to things that are most important to your happiness. Play with your children or parents. Take time to get medical tests. Take your girlfriend or boyfriend to a café. There will be always time to go to work, clean the house and watch television," Mr. Kite says. "Take care of the big stones first - things that are really important. Everything else is just sand," he looks at the students. "Now Robert and David,

spre studenți. "Acum, Robert și David, ce este mai important pentru voi - să spălați un camion sau viața voastră? Ați plutit pe un camion în mare ca și pe un vapor, doar pentru că voiați să-l spălați. Credeți că nu există o altă modalitate de a-l spăla?"

"Nu, nu credem asta," spune David.

"Camionul poate fi spălat, în schimb, la un centru de spălare auto, nu-i așa?" spune domnul Kite.

"Da, poate," spun studenții.

"Mereu trebuie să gândiți, înainte de a acționa. Trebuie să vă ocupați mereu de pietrele mari, OK?"

"Da, trebuie," răspund studenții.

what is more important to you - washing a truck or your lives? You float on a truck in the sea like on a ship just because you wanted to wash the truck. Do you think there is no other way to wash it?"

"No, we do not think so," David says.

"You can wash a truck in a washing station instead, can't you?" says Mr. Kite.

"Yes, we can," say the students.

"You must always think before you do something. You must always take care of the big stones, right?"

"Yes, we must," answer the students.

22

Paul lucrează la o editură
Paul works at a publishing house

A

Cuvinte

1. a (se) conversa - talk
2. a alerga - walking
3. a dezvolta - develop
4. a dormi - sleeping
5. a înregistra - record
6. a primi - get
7. a refuza - refuse
8. a se juca - playing
9. a suna - call
10. a vinde - sell
11. abilitate - skill
12. afară - outdoors
13. amuzant - funny
14. bip - beep
15. cât de des posibil - as often as possible
16. client - customer
17. compoziție - composition
18. compune - compose
19. coordonare - co-ordination
20. creativ - creative
21. deoarece - since, as
22. diferit - different
23. etc. - etc.
24. firmă - company
25. gata - ready
26. greu - difficult
27. întunecat - dark
28. lume - world
29. măcar - at least
30. mai ales - especially
31. nas - nose
32. nimeni - nobody
33. nimic - nothing
34. om - human
35. ploaie - rain
36. posibil - possible
37. poveste - story
38. produce - produce

39. profesie - profession
40. răcoare - coldness
41. rece - cold *(adj)*
42. regulă - rule
43. revistă - magazine
44. robot telefonic - answering machine
45. salut - hi

46. scară - stairs
47. text - text
48. treizeci - thirty
49. trist - sad
50. viitor - future
51. ziar - newspaper

B

Paul lucrează la o editură

Paul lucrează ca tânăr asistent la editura "All-round". El se ocupă cu scrisul.

"Paul, numele firmei noastre este 'All-round'," spune directorul firmei, domnul Fox. "Iar aceasta înseamnă că putem crea orice fel de text şi design pentru fiecare client. Primim multe comenzi de la ziare, reviste şi de la alţi clienţi. Toate comenzile sunt diferite, dar nu refuzăm niciodată vreuna."

Lui Paul îi place această slujbă foarte mult, pentru că îşi poate dezvolta abilităţile creative. Îi place munca creativă, precum scrisul si designul. Deoarece studiază design la facultate, acesta este un loc de muncă potrivit pentru viitoarea lui profesie.

Astăzi, domnul Fox are sarcini noi pentru el.

"Avem nişte comenzi. Poţi efectua două dintre ele," spune domnul Fox. "Prima comandă este de la o companie telefonică. Ei produc telefoane cu roboţi. Au nevoie de nişte texte amuzante pentru roboţii telefonici. Nimic nu se vinde mai bine ca lucrurile amuzante. Compune patru sau cinci texte, te rog."

"Cât de lungi să fie?" întreabă Paul.

"Pot să cuprindă între cinci şi treizeci de cuvinte," răspunde domnul Fox. "Cea de-a doua comandă este de la revista 'Lumea verde'. Această revistă scrie despre animale, păsări, peşti, etc. Au nevoie de un text despre orice animal de casă. Poate fi amuzant sau trist, sau pur şi simplu o poveste despre propriul animal de casă. Ai un animal de casă?"

"Da, am o pisică. Numele ei este Favorite,"

Paul works as a young helper at the publishing house "All-round". He does writing work.

"Paul, our firm's name is 'All-round'," the head of the firm Mr. Fox says. "And this means we can do any text composition and design work for any customer. We get many orders from newspapers, magazines and from other customers. All of the orders are different but we never refuse any."

Paul likes this job a lot because he can develop creative skills. He enjoys creative works like writing compositions and design. Since he studies design at college it is a very suitable job for his future profession.

Mr. Fox has some new tasks for him today.

"We have some orders. You can do two of them," Mr. Fox says. "The first order is from a telephone company. They produce telephones with answering machines. They need some funny texts for answering machines. Nothing sells better than funny things. Compose four or five texts, please."

"How long must they be?" Paul asks.

"They can be from five to thirty words," Mr. Fox answers. "And the second order is from the magazine "Green world". This magazine writes about animals, birds, fish etc. They need a text about any home animal. It can be funny or sad, or just a story about your own animal. Do you have an animal?"

"Yes, I do. I have a cat. Its name is Favorite," Paul answers. "And I think I can write a story about its tricks. When must it be ready?"

"These two orders must be ready by

răspunde Paul. "Şi cred că pot scrie o poveste despre trucurile ei. Când trebuie să fie gata textele?"

"Aceste două comenzi trebuie să fie gata până mâine," răspunde domnul Fox.

"Bine. Pot începe?" întreabă Paul.

"Da," spune domnul Fox.

Paul aduce textele în ziua următoare. El are cinci texte pentru roboţii telefonici. Domnul Fox le citeşte:

1. "Allo. Acum trebuie să spui tu ceva."
2. "Allo. Eu sunt un robot telefonic. Tu ce eşti?"
3. "Allo. Nimeni nu este acasă momentan, în afară de robotul meu telefonic. Poţi să te conversezi cu el. Aşteaptă bip-ul."
4. "Acesta nu este un robot telefonic. Aceasta este o maşină de înregistrare a gândurilor. După bip, gândeşte-te la numele tău, la motivul pentru care suni şi la numărul la care te pot suna înapoi. Şi mă voi gândi, dacă te sun înapoi."
5. "Vorbiţi după bip! Aveţi dreptul să nu spuneţi nimic. Voi înregistra şi folosi tot ceea ce veţi spune."

"Nu e rău. Şi ce e cu animalele?" întreabă domnul Fox. Paul îi dă o altă foaie. Domnul Fox citeşte:

Reguli pentru pisici

Alergatul:

Cât de des posibil, aleargă repede şi cât mai aproape prin faţa unui om, mai ales: pe scări, când aceştia cară ceva, pe întuneric sau când se trezesc dimineaţa. Acest lucru le antrenează coordonarea.

În pat:

Dormi mereu noaptea pe un om, astfel încât să nu se poată întoarce în pat. Încearcă să te întinzi peste faţa lui. Asigură-te că ai coada fix pe nasul lor.

Dormitul:

Pentru a avea suficientă energie la joacă, o pisică trebuie să doarmă mult (minim 16 ore pe zi). Nu este greu să găseşti un loc potrivit pentru dormit. Orice loc în care îi place unui om să stea, este bun. Sunt multe locuri bune şi afară. Dar nu le poţi folosi atunci când plouă sau când este rece. Poţi folosi, în schimb, fereastra deschisă.

Domnul Fox râde.

74

tomorrow," Mr. Fox answers.

"Okay. May I begin now?" Paul asks.

"Yes, Paul," Mr. Fox says.

Paul brings those texts the next day. He has five texts for the answering machines. Mr. Fox reads them:

1. "Hi. Now you say something."
2. "Hello. I am an answering machine. And what are you?"
3. "Hi. Nobody is at home now but my answering machine is. So you can talk to it instead of me. Wait for the beep."
4. "This is not an answering machine. This is a thought-recording machine. After the beep, think about your name, your reason for calling and a number which I can call you back. And I will think about calling you back."
5. "Speak after the beep! You have the right to be silent. I will record and use everything you say."

"It is not bad. And what about animals?" Mr. Fox asks. Paul gives him another sheet of paper. Mr. Fox reads:

Some rules for cats

Walking:

As often as possible, run quickly and as close as possible in front of a human, especially: on stairs, when they have something on their hands, in the dark, and when they get up in the morning. This will train their co-ordination.

In bed:

Always sleep on a human at night. So he or she cannot turn in the bed. Try to lie on his or her face. Make sure that your tail is right on their nose.

Sleeping:

To have a lot of energy for playing, a cat must sleep a lot (at least 16 hours per day). It is not difficult to find a suitable place to sleep. Any place where a human likes to sit is good. There are good places outdoors too. But you cannot use them when it rains or when it is cold. You can use open windows instead.

Mr. Fox laughs.

"Good work, Paul! I think the magazine "Green world" will like your composition," he says.

"Bună treabă, Paul! Cred că revistei 'Lumea verde'
îi va plăcea textul tău," spune el.

23

Reguli pentru pisici
Cat rules

A

Cuvinte

1. a freca - rub
2. a fugi - run away
3. a fura - steal
4. a gândi - thinking
5. a iubi - to love
6. a mușca - bite
7. a pretinde - pretend
8. a primi - get
9. a săruta - kiss
10. a se ascunde - hide
11. a uita - forget
12. anotimp - season
13. care citește - reading
14. care gătește - cooking
15. copil - child
16. de-a v-ați ascunselea - hide-and-seek
17. deși - although
18. distracție - fun
19. farfurie - plate
20. gustos - tasty

21. în spate - behind hinter
22. iubire - love
23. mister - mystery
24. musafir - guest
25. orice, nimic - anything
26. panică - panic; a se panica - to panic
27. pas - step; a păși - to step
28. picior - leg
29. planetă - planet
30. puțin - few; câteva - a few
31. șansă - chance
32. școală - school
33. secret - secret
34. țânțar - mosquito
35. tastatură - keyboard
36. teme de casă - homework
37. toaletă - toilet
38. uneori - sometimes
39. vreme - weather

Reguli pentru pisici

"Revista 'Lumea verde' ne-a trimis o nouă comandă," îi spune domnul Fox lui Paul în ziua următoare. "Iar această comandă este pentru tine. Le-a plăcut compunerea ta și vor un text mai lung despre 'Reguli pentru pisici'." Lui Paul îi trebuie două zile pentru acest text. Iată-l.

Reguli secrete pentru pisici

Deși pisicile sunt cele mai bune și mai minunate animale de pe această planetă, ele fac uneori lucruri foarte ciudate. Un om a reușit să fure câteva secrete de-ale pisicilor. Sunt reguli de viață care au drept scop cucerirea lumii! Dar modul în care aceste reguli vor ajuta pisicile, rămâne un mister.

Băile:

Întodeauna du-te cu musafirii în baie și la toaletă. Nu trebuie să faci nimic. Doar stai acolo, privește-i, și freacă-te din când în când de picioarele lor.

Ușile:

Toate ușile trebuie să fie deschise. Pentru a deschide o ușă, pune-te în fața oamenilor, cu o privire tristă. Când se deschide o ușă, nu trebuie să ieși pe ea. Dacă ai deschis ușa de la casă prin această metodă, rămâi gânditoare în dreptul ușii. Acest aspect este important mai ales când e foarte frig sau plouă, sau când e sezonul țânțarilor.

Gătitul:

Poziționează-te mereu fix în spatele piciorului drept al oamenilor care gătesc. Astfel, ei nu te pot vedea și șansa ca să te calce este mai mare. Când se întâmplă asta, ei te iau în brațe și îți oferă ceva bun de mâncat.

Cititul:

Încearcă să ajungi cât mai aproape de fața unui om care citește, între ochi și carte. Cel mai bine este să te întinzi pe carte.

Temele de casă ale copiilor:

Stai pe cărți și pe caiete și prefă-te că dormi. Din când în când, sari pe pix. Mușcă, dacă vreun copil încearcă să te dea jos de pe masă.

Cat rules

"The magazine 'Green world' places a new order," Mr. Fox says to Paul next day. "And this order is for you, Paul. They like your composition and they want a bigger text about "Cat rules".
It takes Paul two days to compose this text. Here it is.

Some secret rules for cats

Although cats are the best and the most wonderful animals on this planet, they sometimes do very strange things. One of the humans managed to steal some cat secrets. They are some rules of life in order to take over the world! But how these rules will help cats is still a total mystery to the humans.

Bathrooms:

Always go with guests to the bathroom and to the toilet. You do not need to do anything. Just sit, look and sometimes rub their legs.

Doors:

All doors must be open. To get a door opened, stand looking sad at humans. When they open a door, you need not go through it. After you open in this way the outside door, stand in the door and think about something. This is especially important when the weather is very cold, or when it is a rainy day, or when it is the mosquito season.

Cooking:

Always sit just behind the right foot of cooking humans. So they cannot see you and you have a better chance that a human steps on you. When it happens, they take you in their hands and give something tasty to eat.

Reading books:

Try to get closer to the face of a reading human, between eyes and the book. The best is to lie on the book.

Children's school homework:

Lie on books and copy-books and pretend to sleep. But from time to time jump on the pen. Bite if a child tries to take you away from the table.

Calculatorul:

Dacă un om lucrează la calculator, sari pe birou şi aleargă peste tastatură.

Mâncarea:

Pisicile trebuie să mănânce mult. Dar mâncatul reprezintă doar jumătate din distracţie. A doua jumătate este obţinerea mâncării. Când oamenii mănâncă, pune-ţi coada în farfuria lor, atunci când nu se uită. Astfel îţi măreşti şansele de a primi o farfurie întreagă de mâncare. Nu mânca niciodată din propria farfurie, dacă poţi lua mâncare de la masă. Nu bea niciodată din propriul castron, dacă poţi bea din cana unui om.

Ascunsul:

Ascunde-te în locuri în care oamenii nu te pot găsi câteva zile. Acest lucru îi va face pe oameni să se panicheze (ceea ce le place), gândindu-se că ai fugit. Când ieşi din ascunzătoarea ta, te vor pupa şi îşi vor arăta afecţiunea. Şi poate primeşti ceva delicios.

Oamenii:

Rolul oamenilor este să ne hrănească, să se joace cu noi şi să ne cureţe cutia. Este important să nu uite cine este şeful în casă.

Computer:

If a human works with a computer, jump up on the desk and walk over the keyboard.

Food:

Cats need to eat a lot. But eating is only half of the fun. The other half is getting the food. When humans eat, put your tail in their plate when they do not look. It will give you a better chance to get a full plate of food. Never eat from your own plate if you can take some food from the table.

Never drink from your own water plate if you can drink from a human's cup.

Hiding:

Hide in places where humans cannot find you for a few days. This will make humans panic (which they love) thinking that you ran away. When you come out of the hiding place, the humans will kiss you and show their love. And you may get something tasty.

Humans:

Tasks of humans are to feed us, to play with us, and to clean our box. It is important that they do not forget who the head of the house is.

24

Munca în echipă
Teamwork

A

Cuvinte

1. a cădea - fall
2. a continua - continue
3. a continua să privească - continued to watch
4. a dansa - dance
5. a dansat - danced
6. a distruge - destroy
7. a învăța - teach
8. a lua parte - take part
9. a muri - die
10. a părăsi - went away
11. auzi, a auzit - heard
12. avu, a avut - had
13. căpitan - captain
14. căzu - fell
15. central - central
16. coleg - colleague
17. dansând - dancing
18. (el/ea) știu - TV-set
19. extraterestru - alien
20. floare - flower
21. gata, terminat - finished
22. grădină - garden
23. împotriva - against
24. în curând - soon
25. începu, a început - began
26. informă, a informat - informed
27. își aminti - remembered
28. iubi, a iubit - loved
29. laser - laser
30. lucrând - working
31. mii - thousand
32. milion - billion
33. minunat - beautiful
34. muri - died
35. navetă spațială - spaceship
36. omorî - killed
37. opri - stopped
38. Pământ - earth
39. până - until
40. porni - switched on
41. privi, a privit - looked
42. radar - radar
43. radio - radio

44. război - war
45. scurt - short
46. se mişcă - moved
47. serial - serial
48. spaţiu - space
49. spuse - said
50. ştiut - knew

51. ţinti - pointed
52. unul dintre voi - either of you
53. veni, a venit - came
54. zâmbi, a zâmbit - smiled
55. zbură - flew away
56. zgâlţâi - shook

B

Munca în echipă

David vrea să devină jurnalist. El studiază la facultate. El are un curs de scriere astăzi. Domnul Kite îi învaţă pe studenţi să scrie articole. "Dragi prieteni," spune el, "unii dintre voi vor lucra la edituri, ziare sau reviste, la radio sau la televiziune. Aceasta înseamnă că veţi lucra în echipă. Munca în echipă nu este simplă. Vreau să încercaţi acum să scrieţi în echipă un text jurnalistic. Am nevoie de un băiat şi de o fată." Mulţi studenţi vor să ia parte la munca în echipă. Domnul Kite îi alege pe David şi Carol. Carol este din Spania, dar vorbeşte engleza foarte bine. "Vă rog, aşezaţi-vă la această masă. Acum sunteţi colegi," le spune domnul Kite. "Veţi scrie un text scurt. Unul dintre voi începe textul, apoi îl dă colegului său. Colegul citeşte textul şi îl continuă. Apoi colegul vostru îl înapoiază, iar primul îl citeşte şi îl continuă. Şi aşa mai departe, până expiră timpul. Aveţi douăzeci minute." Domnul Kite le dă hârtie, şi Carol începe. Se gândeşte puţin, apoi scrie.

Munca în echipă

Carol: Julia se uita afară pe geam. Florile din grădina ei se mişcau în direcţia vântului, de parcă dansau. Îşi amintea de acea seară când dansase cu Billy. Se întâmplase acum un an, dar îşi amintea totul - ochii lui albaştri, zâmbetul lui, vocea lui. Fusese o perioadă frumoasă pentru ea, dar acum s-a sfârşit. De ce nu era el lângă ea?
David: Pe vremea aceea, căpitanul Billy Brisk era la nava sa spaţială White Star. El avea o misiune

Teamwork

David wants to be a journalist. He studies at a college. He has a composition lesson today. Mr. Kite teaches students to write composition.
"Dear friends," he says, "some of you will work for publishing houses, newspapers or magazines, the radio or television. This means you will work in a team. Working in a team is not simple. Now I want that you try to make a journalistic composition in a team. I need a boy and a girl."
Many students want to take part in the team work. Mr. Kite chooses David and Carol. Carol is from Spain but she can speak English very well.
"Please, sit at this table. Now you are colleagues," Mr. Kite says to them. "You will write a short composition. Either of you will begin the composition and then give it to your colleague. Your colleague will read the composition and continue it. Then your colleague will give it back and the first one will read and continue it. And so on until your time is over. I give you twenty minutes."
Mr. Kite gives them paper and Carol begins. She thinks a little and then writes.

Team composition

Carol: Julia was looking through the window. The flowers in her garden were moving in the wind as if dancing. She remembered that evening when she danced with Billy. It was a year ago but she remembered everything - his blue eyes, his smile and his voice. It was a happy time for her but it was over now. Why

importantă şi nu avea timp să se gândească la acea fată prostuţă cu care dansase în urmă cu an. Ţinti rapid laserul navei White Star înspre navele spaţiale ale extratereştrilor. Apoi porni radioul şi le vorbi extratereştrilor: "Aveţi o oră să vă predaţi. Dacă într-o oră nu vă predaţi, vă voi distruge." Dar până să termine, un laser al extratereştrilor lovi motorul stâng al navei White Star. Laserul lui Billy începu să tragă în navele extraterestre şi, în acelaşi timp, Billy porni motorul central şi pe cel drept. Laserul extratereştrilor distruse motorul funcţionabil drept, iar White Star se zgâlţâi bine. Billy căzu pe podea şi se gândea în acest timp pe care navă extraterestră să o distrugă prima.

Carol: Dar Billy se lovi cu capul de podeaua din metal şi muri pe loc. Înainte să moară, se mai gândi la biata fată frumoasă care îl iubea şi îi păru foarte rău că o părăsise. Curând după asta, oamenii încheiară războiul stupid împotriva sărmanilor extratereştri. Ei distruseră toate navele spaţiale şi laserele pe care le deţineau şi îi informară pe extratereştri că oamenii nu vor mai începe niciodată un război împotriva lor. Oamenii spuseră că vor să fie prietenii extratereştrilor. Julia se bucură foarte tare când auzi asta. Apoi aprinse televizorul şi continuă să urmărească un minunat serial german.

David: Deoarece oamenii îşi distruseseră propriile radare şi lasere, nimeni nu ştiu că navele spaţiale ale extratereştrilor se apropiară foart mult de Pământ. Mii de lasere ale extratereştrilor lovirã Pământul şi o omorârã pe biata şi prostuţa Julia şi pe alte cinci milioane de oameni în doar o secundă. Pământul fusese distrus, iar bucăţelele desprinse pluteau în spaţiu.

"Din câte văd, aţi terminat textul înainte ca timpul să expire," spune domnul Kite zâmbind. "Bine. Lecţia a luat sfârşit. Haideţi să citim şi să discutăm data viitoare despre această muncă în echipă."

was not he with her?

David: At this moment space captain Billy Brisk was at the spaceship White Star. He had an important task and he did not have time to think about that silly girl who he danced with a year ago. He quickly pointed the lasers of White Star at alien spaceships. Then he switched on the radio and talked to the aliens: "I give you an hour to give up. If in one hour you do not give up I will destroy you." But before he finished an alien laser hit the left engine of the White Star. Billy's laser began to hit alien spaceships and at the same time he switched on the central and the right engines. The alien laser destroyed the working right engine and the White Star shook badly. Billy fell on the floor thinking during the fall which of the alien spaceships he must destroy first.

Carol: But he hit his head on the metal floor and died at the same moment. But before he died he remembered the poor beautiful girl who loved him and he was very sorry that he went away from her. Soon people stopped this silly war on poor aliens. They destroyed all of their own spaceships and lasers and informed the aliens that people would never start a war against them again. People said that they wanted to be friends with the aliens. Julia was very glad when she heard about it. Then she switched on the TV-set and continued to watch a wonderful German serial.

David: Because people destroyed their own radars and lasers, nobody knew that spaceships of aliens came very close to the Earth. Thousands of aliens' lasers hit the Earth and killed poor silly Julia and five billion people in a second. The Earth was destroyed and its turning parts flew away in space.

"I see you came to the finish before your time is over," Mr. Kite smiled. "Well, the lesson is over. Let us read and speak about this team composition during the next lesson."

25

Robert și David sunt în căutarea unui nou loc de muncă
Robert and David are looking for a new job

A

Cuvinte

1. a călători - travel
2. a estima, a aprecia - estimate
3. a recomanda - recommend
4. a servi - serve
5. a visa - to dream
6. animal de casă - pet
7. anunț - ad
8. aptitudine - gift
9. artă - art
10. artist - artist
11. cățeluș - puppy
12. chestionar - questionnaire
13. conducător, lider - leader
14. consultanță - consultancy
15. doctor - doctor
16. fermier - farmer
17. găsit - found
18. idee - idea
19. în timp ce - while
20. inginer - engineer
21. mâncare - food

22. metodă - method
23. monoton - monotonous
24. murdar - dirty
25. natură - nature
26. personal - personal
27. pisicuță - kitten
28. programator - programmer
29. reclamă - advert
30. recomandare - recommendation
31. rubrică - rubric
32. scriitor - writer
33. șobolan - rat
34. spaniel - spaniel
35. spaniol - Spanish
36. tare - aloud
37. traducător - translator
38. vârstă - age
39. vecin - neighbour
40. veterinar - vet
41. viclean - sly
42. vis - dream

B

Robert și David sunt în căutarea unui nou loc de muncă

Robert și David sunt acasă la David. David curăță masa după micul dejun, iar Robert citește reclame și anunțuri în ziar. El citește rubrica 'Animale'. Și sora lui David, Nancy, este în cameră. Ea încearcă să prindă pisica ascunsă sub pat.

"Sunt așa multe animale de casă gratuite în ziar! Cred că îmi voi alege o pisică sau un câine. David, tu ce părere ai?" îl întreabă Robert.

"Nancy, încetează să deranjezi pisica!" spune David furios. "Păi, Robert, nu este o idee rea. Animalul tău de casă te așteaptă mereu acasă și este atât de fericit când te întorci acasă și îi dai de mâncare. Și nu uita că trebuie să mergi la plimbare cu el dimineața și seara sau să îi cureți cutia. Uneori, trebuie să cureți podeaua sau să mergi cu animalul la veterinar. Deci, gândește-te bine înainte să îți iei un animal de casă."

"Păi, aici sunt niște anunțuri. Ascultă," spune Robert și începe să citească tare:

"Găsit câine alb, murdar; arată ca un șobolan. Probabil că a trăit mult timp pe străzi. Îl ofer contra cost."

Mai este unul:

"Câine spaniol, vorbește spaniolă. Îl ofer gratuit. Și cățeluși gratuiți, jumătate spaniel, jumătate câinele viclean al vecinului."

Robert se uită la David: "Cum poate vorbi un câine spaniolă?"

"Un câine poate înțelege spaniolă. Tu înțelegi spaniola?" întreabă David zâmbind.

"Nu înțeleg spaniola. Ascultă, mai este un anunț:

"Ofer gratuit pisicuțe de fermă. Pregătite să mănânce. Mănâncă orice."

Robert răsfoiește ziarul. "Bine. Cred că animalele pot aștepta. Mai bine îmi caut o slujbă." Găsește rubrica cu locuri de muncă și citește tare:

"Căutați un loc de muncă potrivit? Agenția pentru ocuparea forței de muncă 'Personal Potrivit' vă

Robert and David are looking for a new job

Robert and David are at David's home. David is cleaning the table after breakfast and Robert is reading adverts and ads in a newspaper. He is reading the rubric 'Animals'. David's sister Nancy is in the room too. She is trying to catch the cat hiding under the bed.

"There are so many pets for free in the newspaper. I think I will choose a cat or a dog. David, what do you think?" Robert asks David.

"Nancy, do not bother the cat!" David says angrily. "Well Robert, it is not a bad idea. Your pet will always wait for you at home and will be so happy when you come back home and give some food. And do not forget that you will have to walk with your pet in mornings and evenings or clean its box. Sometimes you will have to clean the floor or take your pet to a vet. So think carefully before you get an animal."

"Well, there are some ads here. Listen," Robert says and begins to read aloud:

"Found dirty white dog, looks like a rat. It may live outside for a long time. I will give it away for money."

Here is one more:

"Spanish dog, speaks Spanish. Give away for free. And free puppies half spaniel half sly neighbor's dog."

Robert looks at David: "How can a dog speak Spanish?"

"A dog may understand Spanish. Can you understand Spanish?" David asks smiling.

"I cannot understand Spanish. Listen, here is one more ad:

"Give away free farm kittens. Ready to eat. They will eat anything,"

Robert turns the newspaper. "Well, I think pets can wait. I will better look for a job," he finds the rubric about jobs and reads aloud,

"Are you looking for a suitable job? The job consultancy "Suitable personnel" can help you. Our consultants will estimate your

poate ajuta. Consultanţii noştri vă vor estima aptitudinile şi vă oferă o recomandare pentru profesia potrivită.”

Robert se uită în sus şi spune: “David, tu ce părere ai?”

“Cel mai bun loc de muncă pentru voi este să spălaţi un camion în mare şi să îl lăsaţi să plutească,” spune Nancy şi fuge apoi repede din cameră.

“Nu este o idee rea. Să mergem de-ndată,” răspunde David şi scoate cu grijă pisica din ceainicul în care o pusese Nancy cu puţin timp în urmă.

Robert şi David merg cu bicicletele la agenţia pentru ocuparea forţei de muncă 'Personal Potrivit'. Nu este coadă, aşa că intră. Acolo sunt două femei. Una dintre ele vorbeşte la telefon. Cealaltă scrie ceva. Ea le cere lui Robert şi David să ia loc. Numele ei este doamna Sharp. Ea îi întreabă numele lor şi vârsta.

“Bine. Lăsaţi-mă să vă explic metoda după care lucrăm. Uitaţi, sunt cinci categorii de profesii:

1. Prima este om - natură. Profesii: fermier, zootehnist etc.

2. A doua este om - maşină. Profesii: pilot, şofer de taxi, şofer de camion etc.

3. A treia este om - om. Profesii: medic, profesor, jurnalist etc.

4. A patra este om - calculator. Profesii: traducător, inginer, programator etc.

5. A cincea este om - artă. Profesii: scriitor, artist, cântăreţ etc.

Noi oferim recomandări pentru profesii potrivite doar după ce v-am cunoscut mai bine. Mai întâi, lăsaţi-mă să vă estimez aptitudinile. Trebuie să ştiu ce vă place şi ce vă displace. Apoi vom şti ce profesie vi se potriveşte cel mai bine. Vă rog, completaţi acum chestionarul,” spune doamna Sharp şi le dă chestionarele. David şi Robert completează chestionarele.

Chestionar
Nume: David Tweeter
Să urmăresc maşini - Nu mă deranjează
Să vorbesc cu oamenii - Îmi place
Să servesc clienţii - Nu mă deranjează

84

personal gifts and will give you a recommendation about the most suitable profession."

Robert looks up and says: "David what do you think?"

"The best job for you is washing a truck in the sea and let it float," Nancy says and quickly runs out of the room.

"It is not a bad idea. Let's go now," David answers and takes carefully the cat out of the kettle, where Nancy put the animal a minute ago.

Robert and David arrive to the job consultancy "Suitable personnel" by their bikes. There is no queue, so they go inside. There are two women there. One of them is speaking on the telephone. Another woman is writing something. She asks Robert and David to take seats. Her name is Mrs. Sharp. She asks them their names and their age.

"Well, let me explain the method which we use. Look, there are five kinds of professions.

1. The first kind is man - nature. Professions: farmer, zoo worker etc.

2. The second kind is man - machine. Professions: pilot, taxi driver, truck driver etc.

3. The third kind is man - man. Professions: doctor, teacher, journalist etc.

4. The fourth kind is man - computer. Professions: translator, engineer, programmer etc.

5. The fifth kind is man - art. Professions: writer, artist, singer etc.

We give recommendations about a suitable profession only when we learn about you more. First let me estimate your personal gifts. I must know what you like and what you dislike. Then we will know which kind of profession is the most suitable for you. Please, fill up the questionnaire now," Mrs. Sharp says and gives them the questionnaires. David and Robert fill up the questionnaires.

Questionnaire
Name: David Tweeter
Watch machines - I do not mind
Speak with people - I like
Serve customers - I do not mind
Drive cars, trucks - I like

Să conduc mașini, camioane - Îmi place
Să lucrez la birou - Îmi place
Să lucrez în aer liber - Îmi place
Să rețin multe - Nu mă deranjează
Să călătoresc - Îmi place
Să estimez, controlez - Urăsc
Muncă murdară - Nu mă deranjează
Muncă monotonă - Urăsc
Muncă grea - Nu mă deranjează
Să fiu lider - Nu mă deranjează
Munca în echipă - Nu mă deranjează
Să visez în timpul serviciului - Îmi place
Să antrenez - Nu mă deranjează
Muncă creativă - Îmi place
Să lucrez cu texte - Îmi place

Chestionar
Nume: Robert Genscher
Să urmăresc mașini - Nu mă deranjează
Să vorbesc cu oamenii - Îmi place
Să servesc clienții - Nu mă deranjează
Să conduc mașini, camionare - Nu mă deranjează
Să lucrez la birou - Îmi place
Să lucrez în aer liber - Îmi place
Să rețin multe - Nu mă deranjează
Să călătoresc - Îmi place
Să estimez, controlez - Nu mă deranjează
Muncă murdară - Nu mă deranjează
Muncă monotonă - Urăsc
Muncă grea - Nu mă deranjează
Să fiu lider - Urăsc
Munca în echipă - Îmi place
Să visez în timpul serviciului - Îmi place
Să antrenez - Nu mă deranjează
Muncă creativă - Îmi place
Să lucrez cu texte - Îmi place

Work inside - I like
Work outside - I like
Remember a lot - I do not mind
Travel - I like
Estimate, check - I hate
Dirty work - I do not mind
Monotonous work - I hate
Hard work - I do not mind
Be leader - I do not mind
Work in team - I do not mind
Dream while working - I like
Train - I do not mind
Do creative work - I like
Work with texts - I like

Questionnaire
Name: Robert Genscher
Watch machines - I do not mind
Speak with people - I like
Serve customers - I do not mind
Drive cars, trucks - I do not mind
Work inside - I like
Work outside - I like
Remember a lot - I do not mind
Travel - I like
Estimate, check - I do not mind
Dirty work - I do not mind
Monotonous work - I hate
Hard work - I do not mind
Be leader - I hate
Work in team - I like
Dream while working - I like
Train - I do not mind
Do creative work - I like
Work with texts - I like

26

Candidatura la "San Francisco News"
Applying to "San Francisco News"

A

Cuvinte

1. a candida - apply
2. a însoți - accompany
3. a întrebat - asked
4. a lucrat - worked
5. a părăsi - leave
6. a raporta - report
7. a sosit - arrived
8. a sublinia - underline
9. ar putea - could
10. asterisc - asterisk
11. câmp - field
12. criminal - criminal
13. dădu - gave
14. domnișoară - Miss
15. douăzeci și unu - twenty - one
16. editor - editor
17. educație - education
18. (el/ea) află despre - learned about
19. estimat, analizat - estimated
20. feminin - female

21. finanțe - finance
22. fluent - fluently
23. formular - form
24. gol - blank, empty
25. informație - information
26. la revedere - goodbye
27. luă - took
28. masculin, bărbătesc - male
29. naționalitate - nationality
30. necăsătorit - single
31. patrulă - patrol
32. poliția - police
33. prenume - middle name
34. recomandat - recommended
35. reporter - reporter
36. săptămână - week
37. șaptesprezece - seventeen
38. sex - sex
39. stare - status; stare civilă - family status

B

Candidatura la "San Francisco News"

Doamna Sharp analiză răspunsurile lui David şi Robert din chestionar. Aflând abilităţile lor personale, ea putu să le ofere recomandări pentru profesii potrivite. Ea spuse că al treilea tip de profesie li se potrivea cel mai bine. Ei ar putea lucra ca medici, profesori, jurnalişti, etc. Doamna Sharp le recomandă să îşi depună candidatura pentru un loc de muncă la ziarul "San Francisco News." Ei ofereau un job part-time pentru studenţii care puteau compune raporturi de poliţiei pentru rubrica despre infracţiuni. Aşa că Robert şi David merseră la departamentul de resurse umane al ziarului "San Francisco News" şi îşi depuseră candidatura pentru acest job.

"Noi am fost astăzi la agenţia pentru ocuparea forţei de muncă 'Personal Potrivit'," îi spuse David doamnei Slim, şefa departamentului de resurse umane. "Ei ne-au recomandat să ne depunem candidatura la ziarul dumneavoastră."

"Aţi mai lucrat ca reporteri înainte?" întrebă doamna Slim.

"Nu," răspunse David.

"Vă rog să completaţi aceste formulare cu datele voastre personale," spuse doamna Slim şi le dădu două formulare. Robert şi David completară formularele.

Informaţii personale

Trebuie completate toate câmpurile cu asterisc *.
Restul câmpurilor pot rămâne necompletate.
Prenume* - David
Al doilea prenume
Nume* - Tweeter
Sex* (subliniază) - <u>masculin</u>, feminin
Vârsta* - 24 de ani
Naţionalitate* - American
Stare civilă (subliniază) - <u>necăsătorit</u>, căsătorit
Adresa* - Strada 11, Queen, San Francisco, SUA
Educaţie - Sunt student în anul trei la Facultatea la Jurnalism

Applying to "San Francisco News"

Mrs. Sharp estimated David's and Robert's answers in the questionnaires. When she learned about their personal gifts she could give them some recommendations about suitable professions. She said that the third profession kind is the most suitable for them. They could work as a doctor, a teacher or a journalist etc. Mrs. Sharp recommended them to apply for a job with the newspaper "San Francisco News". They gave a part time job to students who could compose police reports for the criminal rubric. So Robert and David arrived at the personnel department of the newspaper "San Francisco News" and applied for this job.

"We have been to the job consultancy 'Suitable personnel' today," David said to Miss Slim, who was the head of the personnel department. "They have recommended us to apply to your newspaper."

"Well, have you worked as a reporter before?" Miss Slim asked.

"No, we have not," David answered.

"Please, fill up these personal information forms," Miss Slim said and gave them two forms. Robert and David filled up the personal information forms.

Personal information form

*You must fill up fields with asterisk *. You can leave other fields blank.*
First name - David*
Middle name
Last name - Tweeter*
Sex (underline) - <u>Male</u> Female*
Age - Twenty years old*
Nationality - US*
Family status (underline) - <u>single</u> married
Address - 11 Queen street, San Francisco, USA*
Education - I am studying Journalism in the third year at a college

Unde ați lucrat înainte? - Am lucrat două luni la o fermă

Ce experiență și aptitudini aveți?* - Pot conduce mașini și camioane și lucra la calculator

Limbi* 0 - nu, 10 - fluent - spaniolă - 8, engleză - 10

Carnet de conducere* (subliniază) - nu, da, Tipul: BC Pot conduce camioane.

Aveți nevoie de un job* (subliniază) - cu normă întreagă, cu jumătate de normă: Cincisprezece ore pe săptămână

Vreți să câștigați - 15 $/oră

Informații personale
Trebuie completate toate câmpurile cu asterisc *.
Restul câmpurilor pot rămâne necompletate.

Prenume* - Robert

Al doilea prenume

Nume* Genscher

Sex* (subliniază) - masculin, feminin

Vârsta* - 21 de ani

Naționalitate* - German

Stare civilă (subliniază) - necăsătorit, căsătorit

Adresa* Camera 218, Cămin Studențesc, Strada College nr 36, San Francisco, SUA

Educație - Sunt student în anul doi la Proiectare Asistată de Calculator

Unde ați lucrat înainte? - Am lucrat două luni la o fermă

Ce experiență și aptitudini aveți?* - Pot folosi calculatorul

Limbi* 0 - nu, 10 - fluent - germană - 10, engleză - 8

Carnet de conducere* (subliniază) - nu, da, felul:

Aveți nevoie de un job* (subliniază) - cu normă întreagă, cu jumătate de normă: Cincisprezece ore pe săptămână

Vreți să câștigați - 15 $/oră

Doamna Slim duse formularele cu datele lor personale la editorul "San Francisco News".
"Editorul este de acord," spuse doamna Slim când se întoarse. "Veți însoți o patrulă de poliție, apoi veți compune rapoarte pentru rubrica despre infracțiuni. O mașină de poliție va veni mâine la ora cinci să vă ia. Fiți punctuali, bine?"
"Bine," răspunse Robert.

Where have you worked before? - I worked for two months as a farm worker

What experience and skills have you had?* - I can drive a car, a truck and I can use a computer

Languages* 0 - no, 10 - fluently - Spanish - 8, English - 10

Driving license* (underline) - No Yes Kind: BC, I can drive trucks

You need a job* (underline) - Full time Part time: 15 hours a week

You want to earn - 15 dollars per hour

Personal information form
You must fill up fields with asterisk *. You can leave other fields blank.

First name* - Robert

Middle name

Last name* - Genscher

Sex* (underline) - Male Female

Age* - Twenty-one years old

Nationality* - German

Family status (underline) - Single Married

Address* - Room 218, student dorms, College Street 36, San Francisco, the USA.

Education - I study computer design in the second year at a college

Where have you worked before? - I worked for two months as a farm worker

What experience and skills have you had?* - I can use a computer

Languages* 0 - no, 10 - fluently - German - 10, English - 8

Driving license* (underline) - No Yes Kind:

You need a job* (underline) - Full time Part time: 15 hours a week

You want to earn - 15 dollars per hour

Miss Slim took their personal information forms to the editor of "San Francisco News".
"The editor has agreed," Miss Slim said when she came back. "You will accompany a police patrol and then compose reports for the criminal rubric. A police car will come tomorrow at seventeen o'clock to take you. Be here at this time, will you?"
"Sure," Robert answered.
"Yes, we will," David said. "Goodbye."

"Da, vom fi punctuali," spuse David. "La revedere."
"La revedere," răspunse doamna Slim.

"Goodbye," Miss Slim answered.

27

Patrula poliției (partea 1)
The police patrol (part 1)

A

Cuvinte

1. a înțeles - understood
2. a potrivi, a pune (centura de siguranță) - fasten
3. a se uita împrejur - look around
4. a strigat - cried
5. alarmă - alarm
6. arătă - showed
7. ascunse - hid
8. așteptă - waited
9. călcă - stepped
10. Care este problema? - What is the matter?
11. cătușe - handcuffs
12. centură de siguranță - seat belts
13. cheie - key
14. conduse - drove
15. deschise - opened
16. doisprezece - twelve
17. (el/ea) goni - rushed
18. făcu - did
19. hoț - thief
20. hoți - thieves
21. înalt - high
22. începu (să conducă), plecă - started (to drive)
23. încercă - tried
24. închis - closed
25. însoțit - accompanied
26. întâlni, a întâlnit - met
27. jaf - robbery
28. la naiba - damn
29. lătră - barked
30. limită - limit
31. microfon - microphone
32. o sută - hundred
33. pistol - gun
34. polițist - officer, policeman
35. preț - price
36. sergent - sergeant
37. sirenă - siren
38. speriat - afraid
39. toți - everybody
40. urlând - howling
41. urmărire - pursuit
42. uscat - dry *(adj)*; a usca - to dry
43. viteză - speed; a accelera, a goni - to speed
44. vitezoman - speeder

B

Patrula poliției (partea 1)

Robert și David sosiră la sediul ziarului "San Francisco News" a doua zi la ora cincisprezece. Mașina de poliție îi aștepta deja. Un polițist ieși din mașină.

"Bună ziua. Sunt sergentul Frank Strict," spuse el când David și Robert ajunseră la mașină.

"Bună ziua. Mă bucur să vă cunosc. Numele meu este Robert. Noi trebuie să vă însoțim astăzi," răspunse Robert.

"Bună ziua. Eu sunt David. Ne-ați așteptat mult?" întrebă David.

"Nu. Abia am ajuns. Haideți să urcăm în mașină. Începem acum patrularea prin oraș," spuse polițistul. Urcară toți în mașina de poliție.

"Însoțiți pentru prima dată o patrulă de poliție?" întrebă sergentul Strict și porni motorul.

"Nu am mai însoțit nicio patrulă de poliție până acum," răspunse David.

În acest moment, radioul poliției începu să emită: "Atenție P11 și P07! O mașină albastră gonește pe strada Universității."

"P07, recepționat," spuse sergentul Strict în microfon. Apoi spuse băieților: "Numărul mașinii noastre este P07." O mașină mare albastră goni pe lângă ei cu mare viteză. Frank Strict luă microfonul și spuse: "Aici P07. Văd mașina albastră care gonește. Încep urmărirea." Apoi le spuse băieților: "Puneți-vă centura!" Mașina poliției o luă repede din loc. Polițistul călcă pedala de accelerație până la capăt și porni sirena. Ei goniră cu sirena pornită pe lângă clădiri, mașini și autobuze. Frank Strict reuși să oprească mașina albastră. Sergentul ieși din mașină și se duse la vitezoman. David și Robert îl urmară.

"Sunt polițistul Frank Strict. Vă rog să-mi arătați permisul de conducere," îi spuse polițistul vitezomanului.

"Aici este permisul meu de conducere." Șoferul arătă permisul său de conducere. "Care este problema?" întrebă el nervos.

The police patrol (part 1)

Robert and David arrived at the building of the newspaper "San Francisco News" at seventeen o'clock next day. The police car was waiting for them already. A policeman got out of the car.

"Hello. I am sergeant Frank Strict," he said when David and Robert came to the car.

"Hello. Glad to meet you. My name is Robert. We must accompany you," Robert answered.

"Hello. I am David. Were you waiting long for us?" David asked.

"No. I have just arrived here. Let us get into the car. We begin city patrolling now," the policeman said. They all got into the police car.

"Are you accompanying a police patrol for the first time?" sergeant Strict asked starting the engine.

"We have never accompanied a police patrol before," David answered.

At this moment the police radio began to talk: "Attention P11 and P07! A blue car is speeding along College street."

"P07 got it," sergeant Strict said in the microphone. Then he said to the boys: "The number of our car is P07." A big blue car rushed past them with very high speed. Frank Strict took the mic again and said: "P07 is speaking. I see the speeding blue car. Begin pursuit," then he said to the boys. "Fasten your seat belts." The police car started quickly. The sergeant stepped on the gas up to the stop and switched on the siren. They rushed with the howling siren past buildings, cars and buses. Frank Strict made the blue car stop. Sergeant got out of the car and went to the speeder. David and Robert went after him.

"I am police officer Frank Strict. Show your driving license, please," the policeman said to the speeder.

"Here is my driving license," the driver showed his driving license. "What is the matter he said angrily.

"Ați condus prin oraș cu 120 km/oră. Limita de viteză este 50," spuse sergentul.

"Ah, asta era. Știți, abia mi-am spălat mașina. Am condus puțin mai repede ca să se usuce," spuse bărbatul, zâmbind viclean.

"Costă mult să spălați mașina?" întrebă polițistul.

"Nu. Costă 12 dolari," spuse vitezomanul.

"Nu cunoașteți prețurile," spuse sergentul Strict. "De fapt, vă costă 212 dolari, pentru că veți plăti 200 de dolari pentru uscarea mașinii. Poftim amenda. O zi bună," spuse polițistul. El îi înmână vitezomanului hârtia cu amenda de 200 de dolari pentru depășirea vitezei, și carnetul de conducere, și se întoarse la mașina de poliție.

"Frank, ai o grămadă de experiență cu vitezomanii, nu-i așa?" îl întrebă David pe polițist.

"Am cunoscut deja mulți," spuse Frank și porni motorul. "La început, par niște tigrii furioși sau vulpi șirete. Dar după ce am vorbit cu ei, arată ca niște pisicuțe fricoase sau ca niște maimuțe proaste. Ca acela din mașina albastră."

Între timp, o mașină albă micuță trecu încet pe drum, nu departe de parc. Mașina opri lângă un magazin. Un bărbat și o femeie ieșiră din mașină și se îndreptară spre magazin. Era închis. Bărbatul se uită împrejur. Apoi, rapid, scoase niște chei și încercă să deschidă ușa. În cele din urmă, o deschise și intră.

"Uite, ce multe rochii!" spuse femeia. Scoase o geantă mare și începu să pună totul în ea. Când geanta se umplu, o duse la mașină, apoi se întoarse.

"Ia totul repede! O! Ce pălărie frumoasă!" spuse bărbatul. El luă din geamul magazinului o pălărie mare și neagră și și-o puse pe cap.

"Uită-te la această rochie roșie! Mi se pare minunată!" spuse femeia, și repede se îmbrăcă cu rochia roșie. Nu mai avu genți. Așa că luă mai multe lucruri în mână, alergă afară și le puse în mașină. Apoi alergă înăuntru pentru a lua și mai multe lucruri.

Mașina de poliție P07 trecea încet de-a lungul parcului, când radioul începu să emită: "Atenție tuturor patrulelor. Avem o alarmă de furt la un magazin de lângă parc. Adresa magazinului este

"You were driving through the city with a speed of one hundred and twenty kilometers an hour. The speed limit is fifty," the sergeant said.

"Ah, this. You see, I have just washed my car. So I was driving a little faster to dry it up," the man said with a sly smile.

"Does it cost much to wash the car?" the policeman asked.

"Not much. It cost twelve dollars," the speeder said.

"You do not know the prices," sergeant Strict said. "It really costs you two hundred and twelve dollars because you will pay two hundred dollars for drying the car. Here is the ticket. Have a nice day," the policeman said. He gave a speeding ticket for two hundred dollars and the driving license to the speeder and went back to the police car.

"Frank, I think you have lots of experiences with speeders, haven't you?" David asked the policeman.

"I have met many of them," Frank said starting the engine. "At first they look like angry tigers or sly foxes. But after I speak with them, they look like afraid kittens or silly monkeys. Like that one in the blue car."

Meanwhile a little white car was slowly driving along a street not far from the city park. The car stopped near a shop. A man and a woman got out of the car and went up to the shop. It was closed. The man looked around. Then he quickly took out some keys and tried to open the door. At last he opened it and they went inside.

"Look! There are so many dresses here!" the woman said. She took out a big bag and began to put in everything there. When the bag was full, she took it to the car and came back.

"Take everything quickly! Oh! What a wonderful hat!" the man said. He took from the shop window a big black hat and put it on.

"Look at this red dress! I like it so much!" the woman said and quickly put on the red dress. She did not have more bags. So she took more things in her hands, ran outside and put them on the car. Then she ran inside to bring more things.

Strada Parcului 72."

"P07, recepționat," spuse Frank în microfon. "Sunt foarte aproape. Merg acolo." Găsiră magazinul foarte repede și opriră lângă mașina albă. Apoi se dădură jos din mașină și se ascunseră în spatele ei. Femeia în rochia roșie ieși în fugă din magazin. Ea puse niște rochii pe mașina de poliție și fugi înapoi în magazin. Femeia făcu asta foarte repede. Nu văzu că era o mașină de poliție!

"La naiba! Mi-am uitat pistolul la secția de poliție!" spuse Frank. Robert și David se uitară la sergentul Strict, apoi, surprinși, unul la celălalt. Polițistul era așa de confuz, încât David și Robert înțeleseră că are nevoie de ajutor. Femeia ieși în fugă din nou din magazin, pue niște rochii pe mașina de poliție și fugi înapoi. Apoi, David îi spuse lui Frank: "Ne putem preface că avem pistoale."

"S-o facem," răspunse Frank. "Dar să nu vă ridicați. Hoții probabil că au pistoale," spuse el, apoi strigă: "Vă vorbește Poliția! Toți, care sunteți în magazin, ridicați mâinile și ieșiți încet, unul câte unul, din magazin!"

Așteptară un minut. Nimeni nu ieși. Apoi, Robert avu o idee.

"Dacă nu ieșiți, punem câinele polițist pe voi!" strigă el, apoi lătră ca un câine mare și furios. Hoții ieșiră imediat, cu mâinile sus. Frank le puse repede cătușe și îi duse la mașina de poliție, apoi îi spuse lui Robert: "A fost o idee bună să pretindem că avem un câine! Știi, mi-am uitat pistolul deja de două ori. Dacă se află că l-am uitat pentru a treia oară, probabil că mă concediază sau mă pun la muncă de birou. Nu spuneți nimănui despre asta, nu-i așa?"

"Bineînțeles că nu!" spuse Robert.

"Niciodată," spuse David.

"Vă mulțumesc foarte mult pentru ajutor, băieți!" Frank le scutură mâna cu putere.

The police car P07 was slowly driving along the city park when the radio began to talk: "Attention all patrols. We have got a robbery alarm from a shop near the city park. The address of the shop is 72 Park street."

"P07 got it," Frank said in the mic, "I am very close to this place. Drive there." They found the shop very quickly and drove up to the white car. Then they got out of the car and hid behind it. The woman in new red dress ran out of the shop. She put some dresses on the police car and ran back in the shop. The woman did it very quickly. She did not see that it was a police car!

"Damn it! I forgot my gun in the police station!" Frank said. Robert and David looked at the sergeant Strict and then surprised at each other. The policeman was so confused that David and Robert understood they must help him. The woman ran out of the shop again, put some dresses on the police car and ran back. Then David said to Frank: "We can pretend that we have guns."

"Let's do it," Frank answered. "But you do not get up. The thieves may have guns," he said and then cried. "This is the police speaking! Everybody who is inside the shop put your hands up and come slowly one by one out of the shop!"

They waited for a minute. Nobody came out. Then Robert had an idea.

"If you will not come out now, we will set the police dog on you!" he cried and then barked like a big angry dog. The thieves ran out with hands up immediately. Frank quickly put handcuffs on them and got them to the police car. Then he said to Robert: "It was a great idea pretending that we have a dog! You see, I have forgotten my gun two times already. If they learn that I have forgotten it for the third time, they may fire me or make me do office work. You will not tell anybody about it, will you?"

"Sure, not!" Robert said.

"Never," David said.

"Thank you very much for helping me, guys!" Frank shook their hands strongly.

28

Patrula poliției (partea 2)
The police patrol (part 2)

A

Cuvinte

1. a apăsa - press
2. a luat - taken
3. a proteja - protect
4. a răspuns - answered
5. a ricoșa - ricochet
6. a suna, a telefona - to phone
7. a sunat - rang
8. al căruia - whose
9. al meu - mine
10. bani lichizi - cash
11. bărbați - men
12. buton - button
13. buzunar - pocket
14. casierie - cash register
15. centru de cumpărături - shopping center
16. cineva - somebody
17. cu stimă - yours sincerely
18. deschis - opened
19. furat - stolen
20. hoț - robber
21. ieri - yesterday
22. împușcă, a împușcat - shot
23. în secret - secretly
24. încă - yet
25. inconștient - unconscious
26. jaf - robbery
27. obișnuit - usual
28. pahar - glass
29. plecat - gone
30. rar - seldom
31. Scuzați- mă. - Excuse me.
32. se întoarse - turned
33. seif - safe
34. și - either, too, also
35. și cere scuze - excuse
36. șiret - clever
37. telefon - phone
38. telefon mobil - mobile
39. văzură - saw

B

Patrula poliţiei (partea 2)

În ziua următoare, Robert şi David îl însoţiră din nou pe Frank. Stăteau lângă un mare centru de cumpărături, când o femeie veni la ei.

"Mă puteţi ajuta, vă rog?" întrebă ea.

"Desigur. Ce s-a întâmplat?" întrebă Frank.

"Mi-a dispărut telefonul mobil. Cred că a fost furat."

"L-aţi folosit astăzi?" întrebă poliţistul.

"L-am folosit înainte să ies din centrul de cumpărături," răspunse femeia.

"Haideţi să intrăm," spuse Frank. Ei intrară în centrul de cumpărături şi se uitară primprejur. Erau mulţi oameni acolo.

"Haideţi să încercăm un truc vechi," spuse Frank şi-şi scoase telefonul mobil. "Care este numărul dumneavoastră?" o întrebă pe femeie. Ea i-l spuse, iar el formă numărul. Un telefon mobil sună nu departe de ei. Ei merseră la locul de unde suna. Acolo era o coadă. Un bărbat care stătea la coadă se uită la poliţist, apoi îşi întoarse repede capul. Poliţistul se apropie, ascultând cu atenţie. Telefonul suna în buzunarul bărbatului.

"Mă scuzaţi," spuse Frank. Bărbatul se uită la el.

"Scuzaţi-mă, vă sună telefonul," spuse Frank.

"Unde?" întrebă bărbatul.

"Aici, în buzunarul dumneavoastră," spuse Frank.

"Nu, nu sună," spuse bărbatul.

"Ba da, sună," spuse Frank.

"Nu este al meu," spuse bărbatul.

"Atunci al cui telefon sună în buzunarul dumneavoastră?" întrebă Frank.

"Nu ştiu," răspunse bărbatul.

"Vă rog să mi-l arătaţi," spuse Frank şi luă telefonul mobil din buzunarul bărbatului.

"O, e al meu!" spuse femeia.

"Poftim. Luaţi-vă telefonul," spuse Frank şi i-l dădu.

"Îmi permiteţi?" întrebă Frank şi-şi băgă din nou mâna în buzunarul bărbatului. Scoase încă un

The police patrol (part 2)

Next day Robert and David were accompanying Frank again. They were standing near a big shopping centre when a woman came to them.

"Can you help me please?" she asked.

"Sure, madam. What has happened?" Frank asked.

"My mobile phone is gone. I think it has been stolen."

"Has it been used today?" the policeman asked.

"It had been used by me before I went out of the shopping centre," she answered.

"Let's get inside," Frank said. They went into the shopping centre and looked around. There were many people there.

"Let's try an old trick," Frank said taking out his own phone. "What is your telephone number?" he asked the woman. She said and he called her telephone number. A mobile telephone rang not far from them. They went to the place where it was ringing. There was a queue there. A man in the queue looked at the policeman and then quickly turned his head away. The policeman came closer listening carefully. The telephone was ringing in the man's pocket.

"Excuse me," Frank said. The man looked at him.

"Excuse me, your telephone is ringing," Frank said.

"Where?" the man said.

"Here, in your pocket," Frank said.

"No, it is not," the man said.

"Yes, it is," Frank said

"It is not mine," the man said.

"Then whose telephone is ringing in your pocket?" Frank asked.

"I do not know," the man answered.

"Let me see, please," Frank said and took the telephone out of the man's pocket.

"Oh, it is mine!" the woman cried.

"Take your telephone, madam," Frank said giving it to her.

"May I, sir?" Frank asked and put his hand in the man's pocket again. He took out another

telefon mobil, apoi încă unul.

"Nici acestea nu sunt ale dumneavoastră?" îl întrebă Frank pe bărbat.

Omul dădu neagtiv din cap şi îşi întoarse privirea.

"Ce telefoane ciudate!" strigă Frank. "Au fugit de la proprietarii lor şi au sărit în buzunarul acestui bărbat! Iar acum sună în buzunarul lui, nu-i aşa?"

"Da, aşa este," spuse bărbatul.

"După cum ştiţi, job-ul meu e să protejez oamenii. Şi vă voi proteja de ei. Urcaţi-vă în maşina mea şi vă voi duce într-un loc în care niciun telefon nu poate sări în buzunarul dumneavoastră. Mergem la secţia de poliţie," spuse poliţistul. Apoi îl luă pe bărbat de braţ şi îl duse la maşină.

"Îmi plac criminalii prostuţi," spuse zâmbind Frank Strict, după ce l-a dus pe hoţ la secţia de poliţie.

"Ai cunoscut şi hoţi inteligenţi?" întrebă David.

"Da, am cunoscut. Dar se întâmplă rar," răspunse poliţistul. "Deoarece este foarte greu să prinzi un răufăcător deştept."

Între timp, doi bărbaţi intrară la Banca Express. Unul dintre ei se puse la rând. Celălalt se duse la casierie şi îi dădu casierului un bileţel. Casierul luă bileţelul şi îl citi.

"Stimate domnule,

acesta este un jaf al Băncii Express. Daţi-mi toţi banii. Dacă nu faceţi asta, îmi voi folosi arma. Mulţumesc.

Cu stimă,

Bob"

"Cred că vă pot ajuta," spuse casierul în timp ce apăsă în secret butonul de alarmă. "Dar banii au fost închişi de mine în seif ieri. Seiful nu a fost deschis încă. Îi voi cere cuiva să deschidă seiful şi să aducă banii. Bine?"

"Bine! Dar repede!" răspunse hoţul.

"Doriţi o ceaşcă de cafea în timp ce banii sunt puşi în genţi?" întrebă casierul.

"Nu, mulţumesc. Doar banii," răspunse hoţul.

Radioul din maşina de poliţie P07 începu să emită: "În atenţia tuturor patrulelor. Avem o

telephone, and then one more.

"Are they not yours either?" Frank asked the man.

The man shook his head looking away.

"What strange telephones!" Frank cried. "They ran away from their owners and jump into the pockets of this man! And now they are ringing in his pockets, aren't they?"

"Yes, they are," the man said.

"You know, my job is to protect people. And I will protect you from them. Get in my car and I will bring you to the place where no telephone can jump in your pocket. We go to the police station," the policeman said. Then he took the man by the arm and took him to the police car.

"I like silly criminals," Frank Strict smiled after they had taken the thief to the police station.

"Have you met smart ones?" David asked.

"Yes, I have. But very seldom," the policeman answered. "Because it is very hard to catch a smart criminal."

Meanwhile two men came into the Express Bank. One of them took a place in a queue. Another one came up to the cash register and gave a paper to the cashier. The cashier took the paper and read:

"Dear Sir,

this is a robbery of the Express Bank. Give me all the cash. If you do not, then I will use my gun. Thank you.

Sincerely yours,

Bob"

"I think I can help you," the cashier said pressing secretly the alarm button. "But the money had been locked by me in the safe yesterday. The safe has not been opened yet. I will ask somebody to open the safe and bring the money. Okay?"

"Okay! But do it quickly!" the robber answered.

"Shall I make you a cup of coffee while the money is being put in bags?" the cashier asked.

"No, thank you. Just money," the robber answered.

The radio in the police car P07 began to talk: "Attention all the patrols. We have got a robbery alarm from the Express Bank."

"P07 got it," sergeant Strict answered. He stepped on the gas up to the stop and the car started quickly. When they drove up to the bank,

alarmă de jaf la Banca Express.”

“P07, recepționat,” răspunse sergentul Strict. Călcă pedala de accelerație, iar mașina porni repede din loc. Când ajunseră la bancă, încă nu era sosită nicio altă mașină de poliție acolo.

“Va fi un raport interesant, dacă intrăm,” spuse David.

“Băieți, faceți ce aveți de făcut. Eu intru pe ușa din spate,” spuse sergentul Strict. Își scoase arma și se duse repede la ușa din spate a băncii. David și Robert intrară în bancă pe ușa centrală. Văzură un bărbat stând lângă casierie. El avea o mână în buzunar și se uita primprejur. Bărbatul care venise cu el ieși din rând și se duse la el.

“Unde sunt banii?” îl întrebă pe Bob.

“Roger, casierul a spus că banii vor fi puși în genți,” răspunse celălalt hoț.

“M-am săturat să aștept!” spuse Roger. El scoase un pistol și îl îndreptă spre casier. “Aduceți toți banii acum!” strigă el. Apoi merse în mijlocul încăperii și strigă: “Ascultați aici! Acesta este un jaf! Nu mișcă nimeni!” În acest moment, cineva de lângă casierie se mișcă. Fără să se uite, hoțul înarmat trase în el.

Celălalt hoț căzu la podea și zbieră: “Roger! Idiotule! La naiba! M-ai împușcat!”

“O, Bobby! Nu am observat că ești tu!” spuse Roger. În acest moment, casierul fugi repede afară.

“Casierul a fugit, iar banii nu au fost încă aduși aici!” strigă Roger către Bob. “Poliția poate veni în orice clipă! Ce să facem?”

“Ia ceva mare, sparge geamul și ia banii. Repede!” strigă Bob. Roger luă un scaun metalic și lovi geamul casieriei. Desigur că nu era un geam obișnuit, așa că nu se sparse. Scaunul ricoșă și îl lovi pe hoț în cap! Căzu inconștient pe podea. În acest moment, sergentul Strict intră repede și le puse cătușe hoților. Se întoarse spre David și Robert.

“Am spus-o! Majoritatea răufăcătorilor sunt pur și simplu proști!” spuse el.

there was no other police car yet.

"We will make an interesting report if we go inside," David said.

"You guys do what you need. And I will come inside through the back door," sergeant Strict said. He took out his gun and went quickly to the back door of the bank. David and Robert came into the bank through the central door. They saw a man standing near the cash register. He put one hand in his pocket and looked around. The man, who came with him, stepped away from the queue and came up to him.

"Where is the money?" he asked Bob.

"Roger, the cashier has said that it is being put in bags," another robber answered.

"I am tired of waiting!" Roger said. He took out a gun and pointed it to the cashier. "Bring all the money now!" the robber cried at the cashier. Then he went to the middle of the room and cried: "Listen all! This is a robbery! Nobody move!" At this moment somebody near the cash register moved. The robber with the gun without looking shot at him. Another robber fell on the floor and cried: "Roger! You idiot! Damn it! You have shot me!"

"Oh, Bobby! I did not see that it was you!" Roger said. At this moment the cashier quickly ran out.

"The cashier has run away and the money has not been taken here yet!" Roger cried to Bob. "The police may arrive soon! What shall we do?"

"Take something big, break the glass and take the money. Quickly!" Bob cried. Roger took a metal chair and hit the glass of the cash register. It was of course not usual glass and it did not break. But the chair went back by ricochet and hit the robber on the head! He fell on the floor unconsciously. At this moment sergeant Strict ran inside and quickly put handcuffs on the robbers. He turned to David and Robert.

"I did say! Most criminals are just silly!" he said.

29

Școală pentru studenții străini (ȘSS) și au pair
School for Foreign Students (SFS) and au pair

 A

Cuvinte

1. a alege - choose
2. a intra în - join
3. a învăța - learning
4. a plăti - pay
5. America de Nord și Eurasia - North America and Eurasia
6. au sunat - called
7. ca - as, since *(kausal)*
8. cea mai apropiată, următoarea - nearest
9. competiție - competition
10. curs - course
11. dată - date
12. de când - since *(temporal)*
13. de două ori - twice
14. (el/ea) scrise - wrote
15. (el/ea) trimise - sent
16. (el/ea) viziță - visited

17. e-mail - e-mail
18. expirat - passed
19. familie gazdă - the host family
20. fiică - daughter
21. gazdă - host
22. incorect - unfair
23. înțelegere, acord - agreement
24. mai în vârstă - elder
25. odată - once
26. participant - participant
27. persoană - person
28. plătit - paid
29. posibilitate - possibility
30. problemă - problem
31. sat - village
32. schimbare - change; a schimba - to change

33. scrisoare - letter
34. se decise pentru/să - chose
35. servitor - servant
36. și - also
37. site - Internet site

38. speranță - hope; a spera - to hope
39. standard - standard
40. SUA - the United States/the USA
41. țară - country
42. trăise - lived

 B

Școală pentru studenții străini (ȘSS) și Au Pair

Sora lui Robert, fratele lui și părinții lor trăiau în Germania. Ei locuiau în Hannover. Numele surorii lui era Gabi. Ea avea douăzeci de ani. Ea învăța engleza de când avea 11 ani. Când era de 15 ani, își dori să ia parte în programul ȘSS. ȘSS oferă studenților din Eurasia posibilitatea de a petrece un an în SUA, de a locui la o familie gazdă și de a învăța la o școală americană. Programul este gratuit. Biletul de avion, cazarea la familie, mâncarea și studiile la școala americană sunt suportate de ȘSS. Dar când se informă pe site despre înscriere, data limită expirase deja.

Apoi află despre programul Au Pair. Acest program oferă participanților posibilitatea de a petrece un an sau doi într-o altă țară, la o familie gazdă, de a avea grijă de copiii lor și de a învăța limba lor. Din moment ce Robert tocmai studia în San Francisco, Gabi îi scrise un e-mail. Ea îl rugă să-i găsească o familie gazdă în SUA. Robert se uită prin ziare și pe site-uri cu anunțuri. El găsi familii gazdă din SUA pe http://www.aupair-world.net/ și pe http://www.placementaupair.com/. Apoi Robert vizită o agenție Au Pair din San Francisco. O femeie îi oferi consultanță. Numele ei era Alice Sunflower.

"Sora mea este din Germania. Și-ar dori foarte mult să lucreze ca Au Pair la o familie americană. Puteți să mă ajutați?" o întrebă Robert pe Alice.

"Bineînțeles, cu mare plăcere. Noi plasăm Au Pair în familii de peste tot din SUA. Un Au Pair merge la o familie gazdă ca să ajute la treburile casei și să

School for Foreigner Students (SFS) and au pair

Robert's sister, brother and parents lived in Germany. They lived in Hannover. The sister's name was Gabi. She was twenty years old. She had learned English since she was eleven years old. When Gabi was fifteen years old, she wanted to take part in the program SFS. SFS gives the possibility for some high school students from Eurasia to spend a year in the USA, living with a host family and studying in an American school. The program is free. Airplane tickets, living with a family, food, studying at American school are paid by SFS. But by the time when she got the information about the competition date from the Internet site, the competition day had passed.

Then she learned about the program de au pair. This program gives its participants the possibility to spend a year or two in another country living with a host family, looking after children and learning at a language course. Since Robert was studying in San Francisco, Gabi wrote him an e-mail. She asked him to find a host family for her in the USA. Robert looked through some newspapers and Internet sites with adverts. He found some host families from the USA on http://www.aupair-world.net/ and on http://www.placementaupair.com/. Then Robert visited an au pair agency in San Francisco. He was consulted by a woman. Her name was Alice Sunflower.

"My sister is from Germany. She would like to be an au pair with an American family. Can you help on this matter?" Robert asked Alice.

"I will be glad to help you. We place au pairs

se ocupe de copii. Familia gazdă oferă Au Pair-ului mâncare, o cameră şi bani de buzunar. Banii de buzunar variază între 200 şi 600 de dolari. Familia gazdă trebuie, de asemenea, să plătească un curs de limbă pentru Au Pair," spuse Alice.

"Sunt şi familii bune şi rele?" întrebă Robert.

"Există două probleme legate de alegerea familiei. Pe de-o parte, unele familii cred că un Au Pair este un servitor care trebuie să facă totul în casă, inclusiv să gătească pentru toată familia, să facă curăţenie, să spele, să lucreze în grădină, etc. Dar un Au Pair nu este un servitor. Un Au Pair este ca şi o fiică mai mare sau un fiu mai mare al familiei, care îşi ajută părinţii cu copii mai mici. Pentru a le proteja drepturile, aceştia trebuie să încheie un acord scris cu familia gazdă. Să nu crezi agenţiile Au Pair sau familiile gazdă care spun că ei folosesc un acord standard. Nu există acord standard. Au Pair-ul poate schimba orice parte din acordul scris, dacă nu i se pare corectă. Toate atribuţiile unui Au Pair şi ale familiei gazdă trebuie stipulate în acord.

A doua problemă este aceasta: Unele familii trăiesc în sate mici, unde nu sunt cursuri de limbă şi sunt puţine locuri în care Au Pair-ul poate merge în timpul său liber. În această situaţie, acordul trebuie să prevadă faptul că familia gazdă trebuie să plătească bilete dus-întors până în cel mai apropiat oraş, atunci când Au Pair-ul merge acolo. Poate fi o dată sau de două ori pe săptămână."

"Înţeleg. Sora mea ar vrea o familie din San Francisco. Puteţi găsi o familie bună în acest oraş?" întrebă Robert.

"Păi, momentan avem cam 20 de familii din San Francisco," răspunse Alice. Ea sună la câteva dintre ele. Familiile gazdă se bucurară să primească o fată Au Pair din Germania. Majoritatea familiilor vrură o scrisoare cu o fotografie de la Gabi. Unele vrură să o şi sune pentru a se asigura că vorbeşte puţin engleza. Aşa că Robert le dădu numărul ei de telefon.

Câteva familii o sunară pe Gabi. Apoi ea le trimise scrisori. În cele din urmă, ea se decise pentru o familie potrivită şi, cu ajutorul lui Alice, încheie un acord cu ei. Familia plăti biletul din Germania spre

with families all over the USA. An au pair is a person who joins a host family to help around the house and look after children. The host family gives the au pair food, a room and pocket money. Pocket money may be from 200 to 600 dollars. The host family must pay for a language course for the au pair as well," Alice said.

"Are there good and bad families?" Robert asked.

"There are two problems about choosing a family. First some families think that an au pair is a servant who must do everything in the house including cooking for all family members, cleaning, washing, working in the garden etc. But an au pair is not a servant. An au pair is like an elder daughter or son of the family who helps parents with younger children. To protect their rights au pairs must work out an agreement with the host family. Do not believe it when some au pair agencies or host families say that they use a "standard" agreement. There is no standard agreement. The au pair can change any part of the agreement if it is unfair. Everything that an au pair and host family will do must be written in an agreement.

The second problem is this: Some families live in small villages where there are no language courses and few places where an au pair can go in free time. In this situation it is necessary to include in the agreement that the host family must pay for two way tickets to the nearest big town when the au pair goes there. It may be once or twice a week."

"I see. My sister would like a family from San Francisco. Can you find a good family in this city?" Robert asked.

"Well, there are about twenty families from San Francisco now," Alice answered. She telephoned some of them. The host families were glad to have an au pair from Germany. Most of the families wanted to get a letter with a photograph from Gabi. Some of them also wanted to telephone her to be sure that she can speak English a little. So Robert gave them her telephone number.

Some host families called Gabi. Then she sent them letters. At last she chose a suitable

SUA. În cele din urmă, Gabi porni spre SUA plină de speranțe și visuri.

family and with the help of Alice worked out an agreement with them. The family paid for the ticket from Germany to the USA. At last Gabi started for the USA full of hopes and dreams.

* * *

Romanian-English dictionary

a (se) conversa - talk

a aduce - bring

a ajunge – arrive; a ajunge (undeva) - get (somewhere)

a alege - choose

a alerga - walking

a apăsa - press

a arăta - show

a asculta - listen; a asculta cu atenție - listen carefully

a aștepta - wait

a avea - have; el/ea are - he/she/it has; El are o carte. - He has a book.

a avea mult de lucru - have a lot of work

a avea nevoie - need

a bate - hit, beat

a bea - drink

a cădea - fall, falling, to fall

a călători - travel

a candida - apply

a cânta - sing; cântăreț - singer

a câștiga - earn; Câștig 10 dolari pe oră. - I earn 10 dollars per hour.

a cere, a ordona - order

a cheltui - spend

a chema - call; centru de apel - call centre

a citi - read

a coborî - get off

a concedia - fire

a conduce - drive

a continua - continue; a continua să privească - continued to watch

a costa - cost

a crede - believe

a cumpăra - buy

a da - give, hand

a dansa - dance; a dansat - danced

a deranja - bother

a descărca - unload

a deschide - open

a deveni, a se face - will

a dezvolta - develop

a dirija, a mâna (vehicule) - steer

a distruge - destroy

a dormi - sleep, sleeping

a duce la ceva - running

a dura - last, take; Filmul durează mai mult de trei ore. - The movie lasts more than three hours.

a elibera - set free

a estima, a aprecia - estimate

a explica - explain

a face - do, make

a face curat - clean

a fi - be

a fi atent la - pay attention to

a fi de acord - agree

a folosi - use

a fost - was

a fotografia - photograph; fotograf - photographer

a frâna - to brake

a freca - rub

a fugi - run, run away

a fura - steal

a gândi - think, thinking

a găsi - find

a hrăni - feed

a împinge, a trage - push

a încălzi - warm up

a încărca - load; încărcător - loader

a începe - begin, start

a încerca - try

a închide - close

a încremeni - freeze

a informa - inform

a înghiți - swallow

a înota - swim

a înregistra - record

a însoți - accompany

a întâlni - meet

a înțelege - understand

a înțeles - understood

a intra în - join

a întreba - ask; a întrebat - asked

a învăța - learn, learning, teach

a iubi - to love

a lăsa - let

a legăna - pitch

a lua - take; a lua parte - take part

a lua micul dejun - have breakfast

a luat - taken

a lucrat - worked

a mânca - eat

a merge - go, walk; Eu merg la bancă. - I go to the bank.

a merge cu bicicleta - go by bike, ride a bike

a mulţumi - thank; mulţumesc - thank you, thanks

a muri - die

a muşca - bite

a oferi consultanţă, a sfătui - consult

a opri - turn off

a părăsi - leave, went away

a păşi - step

a permite - may

a pierde - loose

a plăcea, a iubi - like, love; Îmi place. - I like that.

a plânge, a urla - cry

a planifica - to plan

a plăti - pay

a pluti - float, floating

a porni - turn on

a potrivi, a pune (centura de siguranţă) - fasten

a pregăti - prepare

a pretinde - pretend

a primi(ceva) - get (something)

a prinde - catch

a proteja - protect

a pune (pe un scaun, etc.) - sit

a putea - can; Eu pot citi. - I can read.

a râde - laugh

a rămâne - remain

a raporta - report

a răspunde - answer

a răspuns - answered

a reabilita - rehabilitate

a recomanda - recommend

a refuza - refuse

a ricoşa - ricochet

a salva - rescue, save

a sări - jump

a săruta - kiss

a scrie - write

a se antrena - train; antrenat - trained

a se ascunde - hide

a se aşeza - sit down

a se bucura - enjoy

a se cunoaşte reciproc - know each other

a se extinde - spread

a se îmbrăca - put on

a se întâmpla - happen

a se întoarce, a roti - turn

a se juca - play, playing

a se ocupa de - care

a se opri - stop

a se ridica - get up; Ridică-te! - Get up!

a se uita - look

a se uita împrejur - look around

a servi - serve

a sosit - arrived

a spăla - wash

a spune - tell, say

a sta (în picioare) - stand

a şti - know

a strigat - cried

a studia - study

a sublinia - underline

a suna, a telefona - call, to phone; a suna la telefon - call on the phone

a sunat - rang

a surprinde - to surprise

a testa, a verifica - to test

a trage - pull

a trăi - live

a trece un test/examen - to pass a test

(a trece) pe lângă - past

a tremura - shake

a turna - pour

a uita - forget

a umple - fill up

a urî - hate

a vedea - see

a veni / a pleca - come / go

a verifica - check

a vinde - sell

a visa - to dream

a vorbi - speak

a vrea - want

a zâmbi - to smile

abilitate - skill

accident - accident

acela - that

acelaşi - the same

acesta - this; această carte - this book

aceştia, aceia - these, those

acolo - there

acoperiş - roof

acum - now

adesea - often

adresă - address

aer - air

aeste lucruri - this stuff

afară - outdoors

agenție - agency

a-i fi rușine - be ashamed

a-i părea rău - be sorry; Îmi pare rău. - I am
    sorry.

aici - here (a place); aici este - here is

ajutor - help; a ajuta - to help; ajutor, asistent -
    helper

al căruia - whose

al doilea - second

al ei - her; cartea ei - her book

al lor - their

al lui - his, its (for neuter); patul lui - his bed

al meu - mine, my

al nostru - our

al nouălea - ninth

al optulea - eighth

al patrulea - fourth

al șaptelea - seventh

al șaselea - sixth

al tău - your

al treilea - third

al zecelea - tenth

alarmă - alarm

alb - white

albastru - blue

altul - another, else, other

America de Nord și Eurasia - North America
    and Eurasia

american - American

amuzant - funny

an - year

angajator - employer

animal - animal

animal de casă - pet

anotimp - season

anunț - ad

apă - water

apoi - after that

aproape - near, nearby, next

apropiere - nearness

apropo - by the way

aptitudine - gift

ar putea - could

arătă - showed

artă - art

artist - artist

asasin - killer

ascunse - hid

a-și face griji - worry

aspirină - aspirin

așteptă - waited

asterisc - asterisk

atenție - attention

atunci - then

au sunat - called

autobuz - bus; a merge cu autobuzul - go by
    bus

auzi, a auzit - heard

aventură - adventure

avion - airplane

avu, a avut - had

azi - today

băiat - boy, guy

baie - bathroom; vană - bath

balenă - whale; balena ucigșă - killer whale

bancă - bank

bani - money

bani lichizi - cash

bărbat - man

bărbați - men

bibliotecă - bookcase

bicicletă - bike; bicicletă sport - sport bike

bilet - ticket

bine - good, well, OK, okay

bip - beep

birou - desk, office

braț - arm

bucătărie - kitchen

bucuros - glad

bun - fine

buton - button

buzunar - pocket

ca - as, since (kausal), that (conj); Știu că
    această carte este interesantă. - I know that
    this book is interesting.

cablu - cable

cafea - coffee

cafenea - café

caiet de notițe - notebook; caiete de notițe -
    notebooks

câine - dog

călcă - stepped

calculator - computer

cald - warm
cam, aproximativ - about
cameră - room
camere - rooms
cămin studenţesc - dorms
camion - truck
câmp - field
Canada - Canada
canadian - Canadian
când - when
cangur - kangaroo
cap - head; a merge - to head, to go
căpitan - captain
care - which
care citeşte - reading
Care este problema? - What is the matter?
care găteşte - cooking
Care masă? - What table?
carnet de conducere - driving license
carte - book
cartea lui David - David's book
cărunt - grey-headed
casă - home, house; a merge acasă - go home
cascadorie de salvare a vieţii - life-saving trick
casetă video - videocassette
casierie - cash register
cât de des posibil - as often as possible
căţeluş - puppy
câţiva, câteva - some
cătuşe - handcuffs
cauciuc - rubber
căzătură - fall
căzu - fell
căzut, prăbuşit - fallen
CD - CD
CD-player - CD player
ce - what
cea mai apropiată, următoarea - nearest
ceai - tea
ceainic - kettle
ceas - watch
ceaşcă ceaşcă - cup
Ce-i asta? - What is this?
central - central
centru - centre; centrul oraşului - city centre
centru de cumpărături - shopping center
centură de siguranţă - seat belts
ceremonie - ceremony
ceva - something

cheie - key
chestionar - questionnaire
chiar - really
chimic - chemical(adj)
chimicale - chemicals
chimie - chemistry
cinci - five
cincisprezece - fifteen
cine - who
cineva - somebody
clasă - class
client - customer
club - club
coadă - tail
coleg - colleague
competiţie - competition
compoziţie - composition
compune - compose
conducător, lider - leader
conduse - drove
confuz - confused
constant - constant
consultant - consultant; consultanţă - consultancy
control - control
coordonare - co-ordination
copii - children
copil - child
corect - correct, correctly; a corecta - to correct
creativ - creative
criminal - criminal
cristal - crystal
cu - with
cu grijă - carefully
cu stimă - yours sincerely
cu un an în urmă - a year ago
cum - how
cuptor - cooker
curat - clean
curăţat - cleaned
curent - current
curs - course
curte - yard
cutie - box
cuvânt - word
cuvinte - words
da - yes
dacă - if
dădu - gave

dansând - dancing
dar - but
dată - date
de aceea - so
de când - since *(temporal)*
de două ori - twice
de exemplu - for example
de-a lungul - along
de-a v-ați ascunselea - hide-and-seek
decât, ca - than; George este mai în vârstă ca
　Linda. - George is older than Linda.
deja - already
deoarece - since, as
departamentul de resurse umane - personnel
　department
departe - away, far
deschis - opened
deschise - opened
deși - although
desigur - of course, sure
destul de - quite
diferit - different
dimineață - morning
din - from; din SUA - from the USA
din nou - again
discurs - speech
distracție - fun
doar - just, only
doctor - doctor
doi - two
doisprezece - twelve
domiciliat, care locuiește - living
domnișoară - Miss
domnul, Dl. - mister, Mr.
douăzeci - twenty
douăzeci și cinci - twenty-five
douăzeci și unu - twenty-one
drag, dragă - dear
drăguț - nice
dreapta - right
drum - way
după - after, past
DVD - DVD, dvduri
ea - she
echipă - team
editor - editor
editură - publishing
educație - education
ei - they

el - he
(el/ea) află despre - learned about
(el/ea) goni - rushed
(el/ea) scrise - wrote
(el/ea) știu - TV-set
(el/ea) trimise - sent
(el/ea) vizită - visited
electric - electric
e-mail - e-mail
energie - energy
erau, au fost - were
estimat, analizat - estimated
etc. - etc.
eu - I
Eu ascult muzică - I listen to music.
exemplu - example
experiență - experience
expirat - passed
extraterestru - alien
făcu - did
familie - family
familie gazdă - the host family
fără - without; fără cuvinte - without a word
farfurie - plate
farmacie - pharmacy
față - face
fată - girl
fel - kind, type
femeie - woman
feminin - female
fereastră - window
ferestre - windows
fericire - happiness
fericit - happy
fermă - farm
fermier - farmer
fiecare - every
fiică - daughter
film - film; film preferat - favourite film
filtru de cafea - coffee maker
final - finish; a termina - to finish
finanțe - finance
firmă - company, firm
firme - firms
fiu - son
floare - flower
fluent - fluently
flux - flow
foaie - sheet (of paper)

foarte - very
foc - fire
formular - form
frână - brake
frate - brother
furat - stolen
furios - angrily, angry
galben - yellow
găleată - pail
gară - railway station
găsit - found
gata, terminat - ready, finished
gaz - gas
gazdă - host
geacă - jacket
geantă - bag
german, germancă - German
gol - blank, empty
grădină - garden
grădină zoologică - zoo
grădiniţă - kindergarten
greu - difficult, hard
gri - grey
grijului - careful
grozav - great
gustare - snack
gustos - tasty
hartă - map
hârtie - paper
Hei! - Hey!
hoţ - robber, thief
hotel - hotel; hoteluri - hotels
hoţi - thieves
idee - idea
ieri - yesterday
ieşit din funcţiune - out of order
îmbrăcăminte - clothes
îmbrăcat - dressed
imediat - immediately
important - important
împotriva - against
împreună - together
împuşcă, a împuşcat - shot
în - in, into
în acelaşi timp - at the same time
în curând - soon
în faţa - front
în linişte, încet - quietly
în loc, în schimb - instead

în loc de - instead of
în locul tău - instead of you
în mod normal - usually
în secret - secretly
în sfârşit - at last
în spate - behind hinter
în timp ce - while
în urmă - ago
înainte, în faţa - before
înalt - high
înapoi - back
înăuntru - inside
încă - still, yet
încă unul - one more
începu (să conducă), plecă, a început - started (to drive), began
încercă - tried
încet - slowly
închis - closed
inconştient - unconscious
incorect, greşit - unfair, incorrectly
individual - individually
înfometat - hungry; Îmi este foame - I am hungry.
informă, a informat - informed
informaţie - information
îngheţată - ice-cream
inginer - engineer
însoţit - accompanied
întâlni, a întâlnit - met
întâmplat - happened
înţelegere, acord - agreement
inteligent - smart
interesant - interesting
între - between
între timp - meanwhile
întunecat - dark
îşi aminti - remembered
iubi, a iubit - loved
iubire - love
jaf - robbery
jos - down
jucărie - toy
jumătate - half
jurnalist - journalist
kilometru - kilometer
la - at
la fel - as well
la început - at first

107

la naiba - damn
la opt jumate - at half past eight
la ora unu - at one o'clock
la revedere - goodbye
lac - lake
larg - wide, widely
lasă-ne - let us
laser - laser
lătră - barked
leu - lion
liber - free
lift - lift
limbă - language; limbă maternă - native
  language
limită - limit
listă - list
loc - seat, place; stai jos - take a seat
luă - took
lucrând - working
lucru - thing
lucru manual - manual work
lui - him
lume - world
lung - long
luni - Monday
măcar - at least
magazin - shop, supermarket; magazine - shops
mai ales - especially
mai aproape - closer
mai bine - better
mai departe - further
mai în vârstă - elder
mai mult - more
mai puțin - less
maimuță - monkey
mâine - tomorrow
mal - shore
mamă - mom, mother
mâncare - food
manual - textbook
mare / mai mare / cel mai mare - big / bigger /
  the biggest
masă - table
masă de baie - bathroom table
masculin, bărbătesc - male
mașină - car, machine
mașină de spălat - washer
medical - medical
membru - member

mereu - always
mese - tables
metal - metal
metodă - method
metru - meter
mic - little, small
mic dejun - breakfast
microfon - microphone
mii - thousand
milion - billion
minunat - beautiful, wonderful
minut - minute
mirositor - stinking
mister - mystery
mobilă - furniture
moment - moment
monoton - monotonous
mortal - deadly
motiv - reason
motor - engine
mult, multe - lot, many, much
muncă mentală - mental work
muncitor - worker
murdar - dirty
muri - died
musafir - guest
muzică - music
nas - nose
naționalitate - nationality
natură - nature
navetă spațială - spaceship
necăsătorit - single
negru - black
niciodată - never
nimeni - nobody
nimic - nothing
nisip - sand
noapte - night
noi - we
normal - usual
notiță - note
nou - new
nouă - nine, us
nu - no, not
Nu- ți face griji! - Do not worry!
nu trebuie să - must not
număr - number
nume - name
o sută - hundred

O! - Oh!
oameni - people
obișnuit - usual
obosit - tired
ochi - eye, eyes
odată - once
om - human
omorî - killed
opri - stopped
opt - eight
oră - hour, o'clock; din oră în oră - hourly; Este ora două - It is two o'clock.
oraș - city, town
oricare - any
orice, nimic - anything
pa - bye
pahar - glass
pâine - bread
pălărie - hat
palid - pale
Pământ - earth
până - until
panică - panic; a se panica - to panic
pantaloni - trousers
păpușă - doll
păr - hair
parașută - parachute
parașutist - parachutist
parc - park
parcuri - parks
părinți - parent
parte - part
participant - participant
pas - step; a păși - to step
pasăre - bird
pastilă - pill
pat - bed
patru - four
patrulă - patrol
patruzeci și patru - forty-four
paturi - beds
pauză - break, pause
pe - on
pe jos - on foot
pe mine - me
pe oră - per hour
(pe) aproape - close
pentru - for
pentru că - because

persoană - person
personal - personal
peste - over, across
piață - square
piatră - stone
picior - foot, leg
pilot - pilot
pisică - cat
pisicuță - kitten, pussycat
pistol - gun
pix - pen
pixuri - pens
plan - plan
planetă - planet
plătit - paid
pleacă - go away
plecat - gone
plin - full
ploaie - rain
pod - bridge
podea - floor
poliția - police
polițist - officer, policeman
Polonia - Poland
porni - switched on
posibil - possible
posibilitate - possibility
potrivit - suitable
poveste - story
poză - picture
poziție - position
precum - as
preferat - favourite
prenume - middle name
preț - price
prieten - boyfriend, friend
prietenă - girlfriend
prietenos - friendly
prin - through
privi, a privit - looked
problemă - problem
produce - produce
profesie - profession
profesor - teacher
program - program
programator - programmer
proiect - design
propoziție - phrase
proprietar - owner

propriu - own
public - audience
putere - strength
puternic - strong, strongly
puţin - few; câteva - a few
răcoare - coldness
radar - radar
radio - radio
rând - queue
rapid - quick, quickly
rar - seldom
răspuns - solution, answer
rău - bad
război - war
reabilitare - rehabilitation
real - real
rece - cold *(adj)*
receptor - phone handset
reclamă - advert
recomandare - recommendation
recomandat - recommended
regulă - rule
reporter - reporter
revistă - magazine
roată - wheel
robinet - tap
robot telefonic - answering machine
roşu - red
roţile din faţă - front wheels
rotund - round
rubrică - rubric
şaizeci - sixty
sală de clasă - classroom
saltea - mattress
salut - hello, hi
sămânţă - seed
sâmbătă - Saturday
sănătate - health
sandviş - sandwich
şansă - chance
săptămână - week
şapte - seven
şaptesprezece - seventeen
sărac - poor
sarcină - task
şase - six
sat - village
scară - stairs
scaun - chair

schimbare - change; a schimba - to change
şcoală - school
scriitor - writer
scrisoare - letter
scurt - short
Scuzaţi- mă. - Excuse me.
se decise pentru/să - chose
se întoarse - turned
se mişcă - moved
seară - evening
secret - secret
secretară - secretary
seif - safe
sentiment - feeling
sergent - sergeant
serial - serial
serios - really, seriously
serviciu - job; agenţie pentru ocuparea forţei de muncă - job agency
serviciul de salvare - rescue service
servitor - servant
sex - sex
şi - and, too, either, also
şi cere scuze - excuse
silenţios - silent, silently
simplu - simple
sirenă - siren
şiret - clever
site - Internet site
situaţie - situation
şobolan - rat
şofer - driver
şofer de taxi - taxi driver
soră - sister
spaniel - spaniel
spaniol - Spanish
spaţiu - space
spectacol aerian - airshow
speranţă - hope; a spera - to hope
speriat - afraid
sport - sport; magazin de articole sportive - sport shop
spuse - said
standard - standard
stânga - left
stare - status; stare civilă - family status
stea - star
ştiut - knew
stradă - road, street

străin - strange
străzi - streets
student - student
studenţi - students
stupid, prost - silly
SUA - the United States/the USA
sub - under
subit - suddenly
sunet - ring; a suna - to ring
surprins - surprised
surpriză - surprise
tânăr - young
tanc petrolier - tanker
ţânţar - mosquito
ţară - country
tare - aloud
ţărm - seashore
tastatură - keyboard
tată - dad, daddy
taxi - taxi
te rog, vă rog - please
telefon - phone
telefon - telephone; a telefona - to telephone;
   telefon mobil - mobile
televizor - television
temă, lecţie - lesson
teme de casă - homework
test, examen - test
text - text
tigru - tiger
timp - time; timp liber - free time
ţinti - pointed
toaletă - toilet
toate - all
toţi - all, everybody
totul - everything
traducător - translator
trăise - lived
transport - transport
trebuie - must; Trebuie să plec. - I must go.
trei - three
treizeci - thirty
tren - train
trist - sad
truc - trick
tu/voi - you
ud - wet

ulcior - jar
ulei - oil
umplut - stuffed; paraşutist umplut (cu paie) -
   stuffed parachutist
unde - where
uneori - sometimes
universitate - college
unsprezece - eleven
unt - butter
unu - one
unul câte unul - one by one
unul dintre voi - either of you
ureche - ear
urlând - howling
urmărire - pursuit
uşă - door
uscat - dry (adj); a usca - to dry
uşor - slightly
va continua - be continued
val - wave
vânt - wind
vânzător - shop assistant
vapor - ship
vârstă - age
văzură - saw
vecin - neighbour
veni, a venit - came
verde - green
veterinar - vet
viaţă - life
viclean - sly, slyly
videotecă - video-shop
viitor - future
vis - drea, dream
viteză - speed; a accelera, a goni - to speed
vitezoman - speeder
voce - voice
voia, a vrut - wanted
vreme - weather
zâmbet - smile
zâmbi, a zâmbit - smiled
zbură - flew away
zebră - zebra
zece - ten
zgâlţâi - shook
zi - day; zilnic - daily
ziar - newspaper

English-Romanian dictionary

a few - câteva
a year ago - cu un an în urmă
about - cam, aproximativ
accident - accident
accompanied - însoţit
accompany - a însoţi
ad - anunţ
address - adresă
adventure - aventură
advert - reclamă
afraid - speriat
after - după
after that - apoi
again - din nou
against - împotriva
age - vârstă
agency - agenţie
ago - în urmă
agree - a fi de acord
agreement - înţelegere, acord
air - aer
airplane - avion
airshow - spectacol aerian
alarm - alarmă
alien - extraterestru
all - toate, toţi
along - de-a lungul
aloud - tare
already - deja
also - şi
although - deşi
always - mereu
American - american
and, too - şi
angrily - furios
angry - furios
animal - animal
another - altul
answer - a răspunde
answered - a răspuns
answering machine - robot telefonic
any - oricare
anything - orice, nimic
apply - a candida
arm - braţ
arrive - a ajunge

arrived - a sosit
art - artă
artist - artist
as, since *(kausal)* - precum, ca
as often as possible - cât de des posibil
as well - la fel
ask - a întreba
asked - a întrebat
aspirin - aspirină
asterisk - asterisc
at - la
at first - la început
at half past eight - la opt jumate
at last - în sfârşit
at least - măcar
at one o'clock - la ora unu
at the same time - în acelaşi timp
attention - atenţie
audience - public
away - departe
back - înapoi
bad - rău
bag - geantă
bank - bancă
barked - lătră
bath - vană
bathroom - baie
bathroom table - masă de baie
be - a fi
be ashamed - a-i fi ruşine
be continued - va continua
be sorry - a-i părea rău; I am sorry. - Îmi pare rău.
beautiful - minunat
because - pentru că
bed - pat
beds - paturi
beep - bip
before - înainte, în faţa
began - începu, a început
begin - a începe
behind hinter - în spate
believe - a crede
better - mai bine
between - între

big / bigger / the biggest - mare/mai mare/cel mai mare
bike - bicicletă
billion - milion
bird - pasăre
bite - a muşca
black - negru
blank, empty - gol
blue - albastru
book - carte
bookcase - bibliotecă
bother - a deranja
box - cutie
boy - băiat
boyfriend - prieten
brake - a frâna, frână
bread - pâine
break, pause - pauză
breakfast - mic dejun
bridge - pod
bring - a aduce
brother - frate
bus - autobuz; go by bus - a merge cu autobuzul
but - dar
butter - unt
button - buton
buy - a cumpăra
by the way - apropo
bye - pa
cable - cablu
café - cafenea
call - a suna, a chema
call centre - centru de apel
call on the phone - a suna la telefon
called - au sunat
came - veni, a venit
can - a putea; I can read. - Eu pot citi.
Canada - Canada
Canadian - canadian
captain - căpitan
car - maşină
care - a se ocupa de
careful - grijului
carefully - cu grijă
cash - bani lichizi
cash register - casierie
cat - pisică
catch - a prinde

CD - CD
CD player - CD-player
central - central
centre - centru
ceremony - ceremonie
chair - scaun
chance - şansă
change - schimbare; to change - a schimba
check - a verifica
chemical(adj) - chimic
chemicals - chimicale
chemistry - chimie
child - copil
children - copii
choose - a alege
chose - se decise pentru/să
city - oraş
city centre - centrul oraşului
class - clasă
classroom - sală de clasă
clean - a face curat, curat
cleaned - curăţat
clever - şiret
close - (pe) aproape, a închide
closed - închis
closer - mai aproape
clothes - îmbrăcăminte
club - club
coffee - cafea; coffee maker - filtru de cafea
cold *(adj)* - rece
coldness - răcoare
colleague - coleg
college - universitate
come / go - a veni / a pleca
company - firmă
competition - competiţie
compose - compune
composition - compoziţie
computer - calculator
confused - confuz
constant - constant
consult - a oferi consultanţă, a sfătui
consultancy - consultanţă
consultant - consultant
continue - a continua
continued to watch - a continua să privească
control - control
cooker - cuptor
cooking - care găteşte

113

co-ordination - coordonare
correct, correctly - correct; to correct - a corecta
cost - a costa
could - ar putea
country - ţară
course - curs
creative - creativ
cried - a strigat
criminal - criminal
cry - a plânge, a urla
crystal - cristal
cup - ceaşcă ceaşcă
current - curent
customer - client
dad, daddy - tată
daily - zilnic
damn - la naiba
dance - a dansa
danced - a dansat
dancing - dansând
dark - întunecat
date - dată
daughter - fiică
David's book - cartea lui David
day - zi
deadly - mortal
dear - drag, dragă
design - proiect
desk - birou
destroy - a distruge
develop - a dezvolta
did - făcu
die - a muri
died - muri
different - diferit
difficult - greu
dirty - murdar
do - a face; Do not worry! - Nu-ţi face griji!
doctor - doctor
dog - câine
doll - păpuşă
door - uşă
dorms - cămin studenţesc
down - jos
drea - vis
dream - a visa, vis
dressed - îmbrăcat
drink - a bea
drive - a conduce

driver - şofer
driving license - carnet de conducere
drove - conduse
dry (adj) - uscat; to dry - a usca
DVD, dvduri - DVD
ear - ureche
earn - a câştiga; I earn 10 dollars per hour. -
    Câştig 10 dolari pe oră.
earth - Pământ
eat - a mânca
editor - editor
education - educaţie
eight - opt
eighth - al optulea
either, too, also - şi
either of you - unul dintre voi
elder - mai în vârstă
electric - electric
eleven - unsprezece
else - altul
e-mail - e-mail
employer - angajator
empty - gol
energy - energie
engine - motor
engineer - inginer
enjoy - a se bucura
especially - mai ales
estimate - a estima, a aprecia
estimated - estimat, analizat
etc. - etc.
evening - seară
every - fiecare
everybody - toţi
everything - totul
example - exemplu
excuse - şi cere scuze; Excuse me. - Scuzaţi-
    mă.
experience - experienţă
explain - a explica
eye, eyes - ochi
face - faţă
fall - a cădea, căzătură
fallen - căzut, prăbuşit
falling - a cădea
family - familie
family status - stare civilă
far - departe
farm - fermă

farmer - fermier
fasten - a potrivi, a pune (centura de siguranţă)
favourite - preferat; favourite film - film
  preferat
feed - a hrăni
feeling - sentiment
fell - căzu
female - feminin
few - puţin
field - câmp
fifteen - cincisprezece
fill up - a umple
film - film
finance - finanţe
find - a găsi
fine - bun
finish - final; to finish - a termina
finished - gata, terminat
fire - a concedia, foc
firm - firmă
firms - firme
five - cinci
flew away - zbură
float - a pluti
floating - a pluti
floor - podea
flow - flux
flower - floare
fluently - fluent
food - mâncare
foot - picior
for - pentru
for example - de exemplu
forget - a uita
form - formular
forty-four - patruzeci şi patru
found - găsit
four - patru
fourth - al patrulea
free - liber; free time - timp liber
freeze - a încremeni
friend - prieten
friendly - prietenos
from - din; from the USA - din SUA
front - în faţa; front wheels - roţile din faţă
full - plin
fun - distracţie
funny - amuzant
furniture - mobilă

further - mai departe
future - viitor
garden - grădină
gas - gaz
gave - dădu
German - german, germancă
get - a primi; get (something) - a primi(ceva);
  get (somewhere) - a ajunge (undeva)
get off - a coborî
get up - a se ridica; Get up! - Ridică-te!
gift - aptitudine
girl - fată
girlfriend - prietenă
give, hand - a da
glad - bucuros
glass - pahar
go - a merge; I go to the bank. - Eu merg la
  bancă.
go away - pleacă
go by bike, ride a bike - a merge cu bicicleta
go home - a merge acasă
gone - plecat
good, well - bine
goodbye - la revedere
great - grozav
green - verde
grey - gri
grey-headed - cărunt
guest - musafir
gun - pistol
guy - băiat
had - avu, a avut
hair - păr
half - jumătate
handcuffs - cătuşe
happen - a se întâmpla
happened - întâmplat
happiness - fericire
happy - fericit
hard - greu
hat - pălărie
hate - a urî
have - a avea
have a lot of work - a avea mult de lucru
have breakfast - a lua micul dejun
he/she/it has - el/ea are; He has a book. - El are
  o carte.
head - cap; to head, to go - a merge
health - sănătate

heard - auzi, a auzit
hello - salut
help - ajutor; to help - a ajuta
helper - ajutor, asistent
her - al ei; her book - cartea ei
here (a place) - aici; here is - aici este
Hey! - Hei!
hi - salut
hid - ascunse
hide - a se ascunde
hide-and-seek - de-a v-aţi ascunselea
high - înalt
him - lui
his - al lui
his bed - patul lui
hit, beat - a bate
home - casă
homework - teme de casă
hope - speranţă; to hope - a spera
host - gazdă
hotel - hotel
hotels - hoteluri
hour - oră
hourly - din oră în oră
house - casă
how - cum
howling - urlând
human - om
hundred - o sută
hungry - înfometat; I am hungry. - Îmi este
    foame
I - eu; I listen to music. - Eu ascult muzică
ice-cream - îngheţată
idea - idee
if - dacă
immediately - imediat
important - important
in - în
incorrectly - incorect, greşit
individually - individual
inform - a informa
information - informaţie
informed - informă, a informat
inside - înăuntru
instead - în loc, în schimb; instead of - în loc
    de; instead of you - în locul tău
interesting - interesant
Internet site - site
into - în

its (for neuter) - al lui
jacket - geacă
jar - ulcior
job - serviciu
job agency - agenţie pentru ocuparea forţei de
    muncă
join - a intra în
journalist - jurnalist
jump - a sări
just - doar
kangaroo - cangur
kettle - ceainic
key - cheie
keyboard - tastatură
killed - omorî
killer - asasin
killer whale - balena ucigşă
kilometer - kilometru
kind, type - fel
kindergarten - grădiniţă
kiss - a săruta
kitchen - bucătărie
kitten - pisicuţă
knew - ştiut
know - a şti
know each other - a se cunoaşte reciproc
lake - lac
language - limbă
laser - laser
last, take - a dura; The movie lasts more than
    three hours. - Filmul durează mai mult de trei
    ore.
laugh - a râde
leader - conducător, lider
learn - a învăţa
learned about – (el/ea) află despre
learning - a învăţa
leave - a părăsi
left - stânga
leg - picior
less - mai puţin
lesson - temă, lecţie
let - a lăsa; let us - lasă-ne
letter - scrisoare
life - viaţă
life-saving trick - cascadorie de salvare a vieţii
lift - lift
like, love - a plăcea, a iubi; I like that. - Îmi
    place.

116

limit - limită
lion - leu
list - listă
listen - a asculta; listen carefully - a asculta cu atenţie
little - mic
live - a trăi
lived - trăise
living - domiciliat, care locuieşte
load - a încărca
load - a încărca
loader - încărcător
long - lung
look - a se uita; look around - a se uita împrejur
looked - privi, a privit
loose - a pierde
lot - mult
love - a iubi, iubire
loved - iubi, a iubit
machine - maşină
magazine - revistă
make - a face
male - masculin, bărbătesc
man - bărbat
manual work - lucru manual
many, much - mult, multe
map - hartă
mattress - saltea
may - a permite
me - pe mine
meanwhile - între timp
medical - medical
meet - a întâlni
member - membru
men - bărbaţi
mental work - muncă mentală
met - întâlni, a întâlnit
metal - metal
meter - metru
method - metodă
microphone - microfon
middle name - prenume
mine - al meu
minute - minut
Miss - domnişoară
mister, Mr. - domnul, Dl.
mobile - telefon mobil
mom, mother - mamă
moment - moment

Monday - luni
money - bani
monkey - maimuţă
monotonous - monoton
more - mai mult
morning - dimineaţă
mosquito - ţânţar
mother - mamă
moved - se mişcă
much, many - mult, multe
music - muzică
must - trebuie; I must go. - Trebuie să plec.
must not - nu trebuie să
my - al meu
mystery - mister
name - nume
nationality - naţionalitate
native language - limbă maternă
nature - natură
near, nearby, next - aproape
nearest - cea mai apropiată, următoarea
nearness - apropiere
need - a avea nevoie
neighbour - vecin
never - niciodată
new - nou
newspaper - ziar
nice - drăguţ
night - noapte
nine - nouă
ninth - al nouălea
no - nu
nobody - nimeni
North America and Eurasia - America de Nord şi Eurasia
nose - nas
not - nu
note - notiţă
notebook - caiet de notiţe; notebooks - caiete de notiţe
nothing - nimic
now - acum
number - număr
o'clock - oră; It is two o'clock. - Este ora două
of course - desigur
office - birou
officer, policeman - poliţist
often - adesea
Oh! - O!

oil - ulei
OK, well - bine
okay, well - bine
on - pe; on foot - pe jos
once - odată
one - unu
one by one - unul câte unul
one more - încă unul
only - doar
open - a deschide
opened - deschis, deschise
order - a cere, a ordona
other - altul
our - al nostru
out of order - ieșit din funcțiune
outdoors - afară
over, across - peste
own - propriu
owner - proprietar
paid - plătit
pail - găleată
pale - palid
panic - panică; to panic - a se panica
paper - hârtie
parachute - parașută
parachutist - parașutist
parent - părinți
park - parc
parks - parcuri
part - parte
participant - participant
pass a test - a trece un test/examen
passed - expirat
past - (a trece) pe lângă, după
patrol - patrulă
pay - a plăti
pay attention to - a fi atent la
pen - pix
pens - pixuri
people - oameni
per hour - pe oră
person - persoană
personal - personal
personnel department - departamentul de
    resurse umane
pet - animal de casă
pharmacy - farmacie
phone - a suna, a telefona, telefon
phone handset - receptor

photograph - a fotografia
photographer - fotograf
phrase - propoziție
picture - poză
pill - pastilă
pilot - pilot
pitch - a legăna
place - loc
plan - a planifica, plan
planet - planetă
plate - farfurie
play - a se juca
playing - a se juca
please - te rog, vă rog
pocket - buzunar
pointed - ținti
Poland - Polonia
police - poliția
poor - sărac
position - poziție
possibility - posibilitate
possible - posibil
pour - a turna
prepare - a pregăti
press - a apăsa
pretend - a pretinde
price - preț
problem - problemă
produce - produce
profession - profesie
program - program
programmer - programator
protect - a proteja
publishing - editură
pull - a trage
puppy - cățeluș
pursuit - urmărire
push - a împinge, a trage
pussycat - pisicuță
put on - a se îmbrăca
questionnaire - chestionar
queue - rând
quick, quickly - rapid
quietly - în liniște, încet
quite - destul de
radar - radar
radio - radio
railway station - gară
rain - ploaie

rang - a sunat
rat - şobolan
read - a citi
reading - care citeşte
ready - gata
real - real
really - chiar, serios
reason - motiv
recommend - a recomanda
recommendation - recomandare
recommended - recomandat
record - a înregistra
red - roşu
refuse - a refuza
rehabilitate - a reabilita
rehabilitation - reabilitare
remain - a rămâne
remembered - îşi aminti
report - a raporta
reporter - reporter
rescue - a salva
rescue service - serviciul de salvare
ricochet - a ricoşa
right - dreapta
ring - sunet; to ring - a suna
road - stradă
robber - hoţ
robbery - jaf
roof - acoperiş
room - cameră; rooms - camere
round - rotund
rub - a freca
rubber - cauciuc
rubric - rubrică
rule - regulă
run - a fugi; run away - a fugi
running - a duce la ceva
rushed – (el/ea) goni
sad - trist
safe - seif
said - spuse
sand - nisip
sandwich - sandviş
Saturday - sâmbătă
save - a salva
saw - văzură
say - a spune
school - şcoală
sea - mare

seashore - ţărm
season - anotimp
seat - loc
seat belts - centură de siguranţă
second - al doilea
secret - secret
secretary - secretară
secretly - în secret
see - a vedea
seed - sămânţă
seldom - rar
sell - a vinde
sent – (el/ea) trimise
sergeant - sergent
serial - serial
seriously - serios
servant - servitor
serve - a servi
set free - a elibera
seven - şapte
seventeen - şaptesprezece
seventh - al şaptelea
sex - sex
shake - a tremura
she - ea
sheet (of paper) - foaie
ship - vapor
shook - zgâlţâi
shop - magazin; shops - magazine
shop assistant - vânzător
shopping center - centru de cumpărături
shore - mal
short - scurt
shot - împuşcă, a împuşcat
show - a arăta
showed - arătă
silent, silently - silenţios
silly - stupid, prost
simple - simplu
since (temporal) - de când; since, as - deoarece
sing - a cânta; singer - cântăreţ
single - necăsătorit
siren - sirenă
sister - soră
sit - a pune (pe un scaun, etc.)
sit down - a se aşeza
situation - situaţie
six - şase
sixth - al şaselea

sixty - şaizeci
skill - abilitate
sleep - a dormi
sleeping - a dormi
slightly - uşor
slowly - încet
sly, slyly - viclean
small - mic
smart - inteligent
smile - a zâmbi, zâmbet
smiled - zâmbi, a zâmbit
snack - gustare
so - de aceea
solution, answer - răspuns
some - câţiva, câteva
somebody - cineva
something - ceva
sometimes - uneori
son - fiu
soon - în curând
space - spaţiu
spaceship - navetă spaţială
spaniel - spaniel
Spanish - spaniol
speak - a vorbi
speech - discurs
speed - viteză; to speed - a accelera, a goni
speeder - vitezoman
spend - a cheltui
sport - sport
sport bike - bicicletă sport
sport shop - magazin de articole sportive
spread - a se extinde
square - piaţă
stairs - scară
stand - a sta (în picioare)
standard - standard
star - stea
start - a începe
started (to drive) - începu (să conducă), plecă
status - stare
steal - a fura
steer - a dirija, a mâna (vehicule)
step - pas; to step - a păşi
stepped - călcă
still - încă
stinking - mirositor
stolen - furat
stone - piatră

stop - a se opri
stopped - opri
story - poveste
strange - străin
street - stradă
streets - străzi
strength - putere
strong, strongly - puternic
student - student; students - studenţi
study - a studia
stuffed - umplut; stuffed parachutist - paraşutist
    umplut (cu paie)
suddenly - subit
suitable - potrivit
supermarket - magazin
sure - desigur
surprise - a surprinde, surpriză
surprised - surprins
swallow - a înghiţi
swim - a înota
switched on - porni
table - masă
tables - mese
tail - coadă
take - a lua
take a seat - stai jos
take part - a lua parte
taken - a luat
talk - a (se) conversa
tanker - tanc petrolier
tap - robinet
task - sarcină
tasty - gustos
taxi - taxi
taxi driver - şofer de taxi
tea - ceai
teach - a învăţa
teacher - profesor
team - echipă
telephone - telefon; to telephone - a telefona
television - televizor
tell, say - a spune
ten - zece
tenth - al zecelea
test - a testa, a verifica, test, examen
textbook - manual
than - decât, ca; George is older than Linda. -
    George este mai în vârstă ca Linda.

thank - a mulţumi; thank you, thanks - mulţumesc

that - că, acela; I know that this book is interesting. - Ştiu că această carte este interesantă.

the host family - familie gazdă

the same - acelaşi

the United States/the USA - SUA

their - al lor

then - atunci

there - acolo

these, those - aceştia, aceia

they - ei

thief - hoţ

thieves - hoţi

thing - lucru

think - a gândi

thinking - a gândi

third - al treilea

thirty - treizeci

this - acesta; this book - această carte

this stuff - aeste lucruri

thousand - mii

three - trei

through - prin

ticket - bilet

tiger - tigru

time - timp

tired - obosit

today - azi

together - împreună

toilet - toaletă

tomorrow - mâine

took - luă

town - oraş

toy - jucărie

train - a se antrena; tren

trained - antrenat

translator - traducător

transport - transport

travel - a călători

trick - truc

tried - încercă

trousers - pantaloni

truck - camion

try - a încerca

turn - a se întoarce, a roti

turn off - a opri

turn on - a porni

turned - se întoarse

TV-set - (el/ea) ştiu

twelve - doisprezece

twenty - douăzeci

twenty-five - douăzeci şi cinci

twenty-one - douăzeci şi unu

twice - de două ori

two - doi

unconscious - inconştient

under - sub

underline - a sublinia

understand - a înţelege

understood - a înţeles

unfair - incorect

unload - a descărca

until - până

us - nouă

USA - SUA

use - a folosi

usual - normal, obişnuit

usually - în mod normal

very - foarte

vet - veterinar

videocassette - casetă video

video-shop - videotecă

village - sat

visited - (el/ea) vizită

voice - voce

wait - a aştepta

waited - aşteptă

walk - a merge

walking - a alerga

want - a vrea

wanted - voia, a vrut

war - război

warm - cald

warm up - a încălzi

was - a fost

wash - a spăla

washer - maşină de spălat

watch - ceas

water - apă

wave - val

way - drum

we - noi

weather - vreme

week - săptămână

went away - a părăsi

were - erau, au fost

wet - ud
whale - balenă
what - ce
What is the matter? - Care este problema?
What is this? - Ce-i asta?
What table? - Care masă?
wheel - roată
when - când
where - unde
which - care
while - în timp ce
white - alb
who - cine
whose - al căruia
wide, widely - larg
will - a deveni, a se face
wind - vânt
window - fereastră; windows - ferestre
with - cu
without - fără; without a word - fără cuvinte
woman - femeie
wonderful - minunat

word - cuvânt; words - cuvinte
worked - a lucrat
worker - muncitor
working - lucrând
world - lume
worry - a-şi face griji
write - a scrie
writer - scriitor
wrote - (el/ea) scrise
yard - curte
year - an
yellow - galben
yes - da
yesterday - ieri
yet - încă
you - tu/voi
young - tânăr
your - al tău
yours sincerely - cu stimă
zebra - zebră
zoo - grădină zoologică

* * *

Recommended books

First Romanian Reader for beginners, Volume 2
bilingual for speakers of English Level A2

This book is Volume 2 of First Romanian Reader for Beginners. There are simple and funny Romanian texts for easy reading. The book consists of Elementary course with parallel Romanian-English texts. The author maintains learners' motivation with funny stories about real life situations such as meeting people, studying, job searches, working etc. The ALARM method (Approved Learning Automatic Remembering Method) utilize natural human ability to remember words used in texts repeatedly and systematically. Audio tracks and a sample are available on www.lppbooks.com/Romanian/FirstRomanianReaderV2_audio/En/

Second Romanian Reader
bilingual for speakers of English Levels A2 and B1

Second Romanian Reader is a beginner and pre-intermediate level graded reader to learn Romanian language easier and faster. If you already have background with Romanian language, this book is the best one to try. It makes use of the so-called ALARM or Approved Learning Automatic Remembering Method to efficiently teach its reader Romanian words, sentences and dialogues. Through this method, a person will be able to enhance his or her ability to remember the words that has been incorporated into consequent sentences from time to time. You will learn Romanian vocabulary without hassle with parallel English translation. Audio tracks are available on the publisher's homepage free of charge. They will teach you Romanian pronunciation. You will be able to understand and create Romanian dialogues as well. Second Romanian Reader is ultimately comprehensive because each chapter is created with words explained in previous ones and with as few as possible new words. The author of this book used every opportunity to use the words used in the previous chapters to explain the succeeding chapter. Audio tracks and a sample are available on www.lppbooks.com/Romanian/SRoR/En/

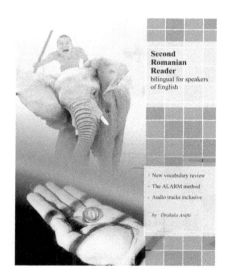

Lightning Source UK Ltd.
Milton Keynes UK
UKHW05f0610300918
329713UK00003B/229/P